Kurt Scherer

. . . aber weil du da bist!

hänssler

Neuhausen-Stuttgart

Bibelverse werden, wo nicht anders angegeben, nach der Luther-Übersetzung zitiert.

CIP-Kurztitelaufnahme der Deutschen Bibliothek

Scherer, Kurt:
. . . aber weil du da bist! / Kurt Scherer. –
2. Aufl. – Neuhausen-Stuttgart: Hänssler, 1987.
(Telos-Bücher; 1252: Telos-Paperback)
ISBN 3-7751-0980-3
NE: GT

2. Auflage 1987
TELOS-Bücher
TELOS-Paperback 1252
Bestell-Nr. 71 252

Umschlaggestaltung: Daniel Dolmetsch
Gesamtherstellung: Ebner Ulm

Inhalt

Vorwort: »... Angst, *aber*...«

Angst ist ein Phänomen, das vielen Menschen in unseren Tagen zu schaffen macht. Einerseits undefinierbar. Man kann nicht sagen, woher sie kommt, aber sie treibt mächtig um. Andererseits so konkret, daß man sie beschreiben kann. Ich denke z. B. an die vielen Langzeitkranken. Da hat Angst bei Tag und bei Nacht ein anderes Gesicht. Sie konkretisiert sich in Fragen: Wie geht es mit mir weiter? Was wird die Diagnose bringen? Werde ich wieder arbeiten können? Tritt eine Veränderung ein zum Guten, zum Schlechten? Oder, je nach Lebenslage: Wie gestaltet sich unter der vorhandenen Belastung meine Ehe? Werden meine Angehörigen mich weiter tragen und ertragen? Werde ich selber die nötige Geduld haben, die Spannung aushalten?

Solche Gedanken treiben in die Enge, und das hat seine Auswirkungen auf Leib, Seele und Geist. Sie beschneiden den Lebensraum. Sie blockieren das Denken und sie unterlaufen auch das gottvertrauende Denken.

Wenn wir in eine solche Lage gekommen sind, ist es gut, sich nicht nur einzugestehen, sondern auch zuzugestehen: Ja, ich habe Angst! Mir bereiten all diese Fragen Not! Mir machen diese Gedanken zu schaffen! Verdrängen dieser Angst ist keine Hilfe. Die Bedrängnis wird nur noch größer, wenn Angst aus dem Verborgenen zu agieren beginnt.

Angst zunächst akzeptieren, nicht verdrängen, ist der erste Schritt zu ihrer Bewältigung. Ich finde das unwahrscheinlich befreiend, daß ich Angst haben darf. Allein schon das Sichzugestehen: Ich darf Angst haben! entkrampft. Freilich stellt sich dann die Frage: Wie gehe ich nun mit meiner Angst um? Worauf konzentriere ich mich, wenn ich diese Angst – welchen Namen sie auch immer trägt – bewältigen bzw. mit ihr leben lernen will?

Dies entscheidet sich in meinem Denken: Lasse ich mich bestimmen von einem situationsbezogenen Denken, dann wird die Angst mich gefangennehmen. Oder übe ich mich ein – und das wird immer ein Einüben bleiben – in ein gottvertrauendes Denken, dann erfahre ich: Mitten in der Angst ist ER da!

Gott bagatellisiert unsere Angst nicht. Er sieht unsere Angst ganz realistisch. Er gesteht uns unsere Angst zu. Er läßt uns durch Jesus sagen »In der Welt habt ihr Angst« – das ist eine Feststellung, aber dahinter ist kein Schlußpunkt, sondern im Grunde genommen ein Doppelpunkt: »... *aber* seid getrost, ich habe die Welt überwunden« (Johannes 16,33).

Auf *wen*, nicht auf *was* wir schauen, entscheidet darüber, ob es ein gottvertrauendes oder ein gottmißtrauendes *Aber* wird. Das zeigt so eindeutig ein Bericht aus dem Matthäus-Evangelium, Kapitel 14,22–33. In ihm kommt mehrmals das kleine, so entscheidende Wort »aber« vor, und zwar in einer Wechselbeziehung:

»Alsbald trieb Jesus seine Jünger, daß sie in das Schiff traten und vor ihm herüberfuhren, bis er das Volk von sich ließe. Und da er das Volk von sich gelassen hatte, stieg er auf einen Berg allein, daß er betete. Und am Abend war er allein daselbst. Und das Schiff war schon mitten auf dem Meer und litt Not von den Wellen; denn der Wind war ihnen zuwider. *Aber* in der vierten Nachtwache kam Jesus zu ihnen und ging auf dem Meer. Und da ihn die Jünger sahen auf dem Meer gehen, erschraken sie und sprachen: Es ist ein Gespenst! und schrien vor Furcht. *Aber* alsbald redete Jesus mit ihnen und sprach: Seid getrost, ich bin's; fürchtet euch nicht! Petrus *aber* antwortete ihm und sprach (gottvertrauend): Herr, bist du es, so heiß mich zu dir kommen auf dem Wasser. Und er sprach: Komm her! Und Petrus trat aus dem Schiff und ging auf dem Wasser, daß er zu Jesus käme.« Und jetzt kommt das mißtrauende *Aber*: »Er sah *aber* einen starken Wind; da erschrak er und hob an zu sinken, schrie und sprach: Herr, hilf mir!«

Dieses Gebet ist für mein persönliches Leben zu einer ganz entscheidenden, seelsorgerlichen Hilfe geworden. Ich habe gelernt, nicht nur in den Stunden, sondern auch in den Phasen, wo ich zu sinken drohe, aus meinem mißtrauenden Denken, meinen Sorgen ein Gebet zu machen; ich sage: »Herr Jesus Christus, ich bin verzagt, ich bin kleingläubig, ich bin entmutigt...« Das ist dieses: »In der Welt habt ihr Angst!« Ich gestehe es mir ein und zu, daß ich so denken darf. Mein Gebet geht dann aber weiter: »*Aber* weil du da bist, ist es nicht hoffnungslos; *aber* weil du da bist, brauche ich nicht zu verzagen; *aber* weil du da bist, kann ich Mut fassen!«

Ich habe festgestellt, daß mir durch solch gottvertrauendes Denken, durch solchen Blick auf Jesus, geholfen wird. Ich erfahre das *Aber* Jesu: »Jesus *aber* reckte alsbald seine Hand aus und ergriff ihn und sprach zu ihm: O du Kleingläubiger, warum zweifeltest du? Und sie traten in das Schiff, und der Wind legte sich.« Das lasse ich mir dann auch gerne sagen, denn es beinhaltet für mich beides: Das ist Kritik an meinem mangelnden Vertrauen, zugleich aber ist es auch Ermutigung für mich!

Es ist meine feste Überzeugung: In jeder Lebenslage der Angst gibt es die Möglichkeit, Jesus zu begegnen, zu erfahren: »*Aber* der Herr ist immer noch größer, größer als man denken kann!«

Mit den folgenden Andachten möchte ich Sie ganz herzlich ermutigen zu diesem gottvertrauenden *Aber*, daß Sie Ihre Hand getrost in die ausgestreckte Hand Jesu legen. Sie werden staunen lernen wie die Jünger

Jesu: »Die *aber* im Schiff waren, fielen vor ihm nieder und sprachen: Du bist wahrlich Gottes Sohn!«

Braunfels, im Oktober 1984

Kurt Scherer

...aber das ist meine Freude

Psalm 73, 28

Sie werden vielleicht erstaunt sein, wenn Sie lesen, daß das Seelsorgeteam des Evangeliums-Rundfunks mit über 700 langzeitkranken Hörern in brieflichem und telefonischem Kontakt ist. Das ist so ein Stückchen »Nächstenliebe per Post«.

In Kontakt sein heißt: Wir schreiben zu den Festtagen, etwa Ostern oder Pfingsten und Weihnachten, einen Rundbrief als Krankengruß. Dann erhält jeder, sofern wir seinen Geburtstag wissen, einen Geburtstagsbrief. Und natürlich entwickelt sich daraus dann oft auch ganz persönliche Seelsorgekorrespondenz, oder es werden seelsorgerliche Telefonate geführt, weil man jemanden gesucht und gefunden hat, der zuhört, Mut und Trost zuspricht, um Verständnis bemüht ist, auch in Liebe ermahnt und Wegweisung gibt.

Unter diesen langzeitkranken Hörern gibt es junge und alte Menschen, Männer und Frauen, solche die 5, 10, 15 Jahre ans Bett bzw. den Rollstuhl gebunden sind; und auch andere, bei denen die Krankheit schon 20, 30, 40 und mehr Jahre bewältigt – d. h. getragen und ertragen – werden muß. Krankheit kann z. B. heißen: gelähmt, behindert, blind sein oder auch Arthritis, Depressionen, Neurosen, MS haben. Briefe machen das deutlich. Da schreibt eine Hörerin:

> Für mich war dieses Jahr wohl eins der ereignisreichsten in meinem 34jährigen Krankenleben. Zum ersten Mal in dieser langen Zeit nahm sich eine sehr nette Ärztin meiner an und nahm mich zur stationären Behandlung auf ihre neurologische Station. Kurz nach meinem 26. Geburtstag im Jahre 1947 erkrankte ich schwer an einer einseitigen Lähmung ganz, u. teilweise auch Querschnittlähmung (Blase, Darm usw.). Seitdem war ich bettlägerig mit vielen schweren Attacken (Nieren, Galle, Magen), so daß auch das Sitzenkönnen unmöglich wurde. Seit einigen Jahren durfte im Krankheitsgeschehen ein Stillstand eintreten, so daß ich mich mehr und mehr in Gedanken mit einem Rollstuhl befaßte. Hier wollte aber niemand etwas davon wissen, weil alle meinten, ich könne es mit meinem Rücken nicht schaffen. Aber irgendwie wurde dieser Rollstuhlwunsch in mir immer stärker, denn ich habe mich ja auch im Bett immer beschäftigt, so gut es ging – oft unter äußerstem Kraftaufwand und unter großen Schmerzen. Und wie so oft in meinem Krankenleben habe ich auch jetzt wieder viele gute Freunde, Verwandte und Bekannte gebeten, auch wegen dieser meiner Rollstuhlsache vor Gott in ihren Fürbitten einzutreten. In mir lebte diese Gewißheit so groß und stark: wenn Gott will, dann kann er es mir schenken. Er kann es mir geben, daß sich der Rücken kräftigt, Schmerzen gelindert

werden können und vieles andere. Bei meinen Vorgesetzten wollte niemand etwas hiervon wissen, und dadurch wurde es zwar recht schwer für mich, aber mir erwuchsen daraus ungeahnte Kräfte. Die Gebetsmauer war wohl zu stark gewesen. Die Zeit im Krankenhaus war nicht leicht, aber es war wunderbar, wie alle nur eins wollten: mir helfen, mich meinem Ziel ein Stückchen näher zu bringen. Es ging durch unendlich viel und große Schmerzen, aber wie freute sich jeder einzelne mit mir, wenn wieder ein ganz kleiner Fortschritt zu verzeichnen war. Und ich durfte es spüren, wie Gott mich Schritt um Schritt führt. Inzwischen habe ich einen Rollstuhl, kann ohne fremde Hilfe aus meinem Bett in den Rollstuhl hinüberrutschen, einige Stunden darin sitzen und dann auch wieder ins Bett zurück. Doch damit traten neue Probleme auf: Mein Zimmer ist für solch ein Gefährt viel zu klein, so daß ich nebenbei auch noch Möbel rücken muß, wenn ich mich fortbewege. Da ich für alles aber nur den rechten Arm zur Verfügung habe, ist es äußerst anstrengend. Mir konnte aber ein etwas größeres Zimmer und auch ein elektrischer Rollstuhl versprochen werden, was nur noch ein bißchen dauern wird. Man braucht halt viel Geduld im Leben, aber dann darf es vielleicht auch einmal leichter werden. Es gibt immer wieder neue große Schwierigkeiten zu überwinden, doch hat sich in ihnen unser Herr Christus auch immer als der große, herrliche Herr erwiesen. Sie werden sich denken können, daß bei diesem reichen Erleben mein Herz nur immer wieder neu voller Lob und Dank zu Gott sein konnte und auch immer wieder sein wird.
Ich hätte Ihnen eigentlich sehr viel ausführlicher erzählen müssen, damit Sie richtig verstehen können, *wie* große Dinge Gott an mir getan hat, aber die Kraft ist nur sehr klein. Außerdem kann ich nur noch mit einer 15fach vergrößernden Lupe schreiben. Das erschwert diese Arbeit sehr. Aber ich kann es doch tun, und das ist wichtig. Sicher hört sich alles so geschrieben viel zu leicht und schön an, doch gehörten auch ungeheure seelische Belastungen dazu, wo nur Jesus selbst helfen konnte. Und wie ist mir da immer wieder der ERF eine große Hilfe gewesen! Ich finde es wunderbar, wenn ich morgens die halbe Stunde richtig still werden kann und in der Gemeinschaft mit dem ERF in Stille und Gebet, Anbetung und Lobpreis in und durch den Tag gehen kann. Die Krankensendungen am Montag 10.05 Uhr sind mir inzwischen schon zu *meinen* Sendungen geworden.«

Noch ein paar Gedanken aus einem anderen Brief dieser Hörerin. Sie schreibt:

»In meinem oft sehr schweren Leben habe ich doch immer voll tiefster Dankbarkeit erkennen und bekennen dürfen: Gott kann uns wohl viel – ja, scheinbar alles nehmen, doch nur, um uns in ihm selbst viel reicher zu beschenken. Und wenn er eine Gabe nimmt, hat er längst eine andere für uns bereit. Mir ist es in den letzten Monaten gesundheitlich nicht wesentlich schlechter gegangen. Doch die Schmerzen in den Augen sowie die rheumatischen Beschwerden im gesunden rechten Arm und in den Hand- und Fingergelenken ließen mich mit der Schreibarbeit nur langsam vorankommen. Dann sind aber an manchen Tagen Aufgaben da, von denen ich meine, daß sie mir der Herr gestellt hat und ich mich ihnen nicht entziehen darf.
Da ist die alte krebskranke Frau, mit der ich fast fünf Wochen das Krankenstübchen im Krankenhaus geteilt habe. Sie und ihr Gatte haben aus meinen tiefen Glaubenserfahrungen wieder Mut gefaßt, ihr Leben neu dem Herrn Jesus zu übergeben. Wenn es das Wetter und ihr Gesundheitszustand erlauben, sind sie alle 8 oder 14 Tage einmal bei mir, um am Nachmittag in einem kleinen Kreis bei mir gemeinsam den Evangeliums-Rundfunk zu hören, Erfahrungen auszutauschen und zu beten.«
Sie lebt in einer größeren Diakonie-Anstalt, und so kommen auch Schwesternschülerinnen und andere junge Menschen zu ihr mit ihren Problemen und Sorgen. Sie schreibt: »Mir ist klar, daß der Herr selbst mir immer wieder alle diese Menschen schickt, damit ich ihnen von seinem Wirken in meinem Leben und an meiner Seele erzählen kann. Ich könnte Ihnen noch viel berichten, möchte es aber bei diesen wenigen Begebenheiten bewenden lassen. Sie werden hieraus ersehen können, wieviel Grund zu Lob und Dank mir Gott alle Tage schenkt. Die Schwierigkeiten und Dunkelheiten bleiben nicht aus, doch sie schrecken mich nicht, weil Jesus in allem dabei ist.«

Wenn ich solche Briefe in meinen Händen halte, sie lese, darüber nachdenke und versuche, mir zu vergegenwärtigen, was da zum Ausdruck kommt, dann wechseln meine Gedanken, Gefühle und Empfindungen zunächst ganz stark, weil mich das, was ich da erfahre, was man mir mitteilt, in verschiedener Weise anspricht:

Dankbarkeit gegen Gott für einen solch tapferen Menschen; Erstaunen über den immer neuen Mut; Freude über jeden kleinen, aber doch so großen Sieg. Aber auch Anfechtung macht mir zu schaffen, bringt mich in Bedrängnis; Mitleiden nimmt Kraft; Fragen nach dem Warum und dem Wozu nehmen mich gefangen...

Ich will auch gar nicht verschweigen, daß mir über dem Lesen und Nachdenken solcher und ähnlicher Briefe immer wieder der Gedanke kommt: Ob du selbst diese Langzeitprüfung deines Vertrauens zu Gott – bei so persönlicher Betroffenheit – so durchstehen würdest, bei allem Auf und Ab?!

Da muß ich aber auch – bei diesen Gedanken – an die Zeit denken, da auch mein Glaube in besonderer Weise über Jahre auf den Prüfstand kam – und ich muß an die Worte denken, die mir in dieser Prüfung und Bedrängnis zur Lebens- und Glaubenshilfe wurden. Ich sehe in ihnen so etwas wie den Schlüssel zum Geheimnis des Überwindens. Sie stehen in Psalm 73, am Ende, die Verse 23–28. Da bekennt Asaph, der Beter dieses Psalms, nachdem er mit seinem Gott im Gebet gerungen hat um die Fragen und Umstände, die sein Leben bedrängten: »Dennoch bleibe ich stets an dir; denn du hältst mich bei meiner rechten Hand, du leitest mich nach deinem Rat und nimmst mich endlich mit Ehren an. Wenn ich nur dich habe, so frage ich nichts nach Himmel und Erde. Wenn mir gleich Leib und Seele verschmachtet, so bist du doch, Gott, allezeit meines Herzens Trost und mein Teil. *Aber das ist meine Freude,* daß ich mich zu Gott halte und meine Zuversicht setze auf den Herrn, daß ich verkündige all dein Tun.«

Was da über die Lippen des Beters kommt, ist kein Triumphlied des Glaubens, sondern der Lobpreis Gottes, der ihn im Glauben erhalten hat. Er sagt: Fast wäre ich vom Glauben abgefallen, aber dann hat Gott mich gehalten. »Nun *aber* bleibe ich stets an dir, du hältst mich bei meiner rechten Hand«, oder wie wir es mit anderen Worten auch wiedergeben können: »Jetzt will ich, Herr, konsequenter zu dir stehen, denn ich weiß nun, wie du mich festhältst. Deine Worte sind gut für mich. Bitte verwirkliche deinen Weg mit mir, daß ich dein Ziel erreiche.« Wir können Gott nicht an der Hand nehmen, daß er uns dahin bringe, wohin wir wollen und wo unsere Wünsche erfüllt werden. Gott aber faßt unsere Hand und hält uns, daß wir nicht am Abgrund der Anfechtung stürzen. Wir dürfen ihm vertrauen, daß er uns keinen Holzweg führt, sondern an das Ziel bringt, das er uns gesetzt hat und das die ewige Gemeinschaft mit ihm einschließt.

Wie immer Gott auch in unserem Leben eingreift, ob er uns die Schwierigkeiten wegnimmt, uns gesund macht oder bei uns ist mit seiner tragenden Kraft, wir wollen ihm ganz neu unser uneingeschränktes Vertrauen schenken. Asaphs Worte können uns dabei leiten: »*Aber* das ist meine Freude, daß ich mich zu Gott halte und meine Zuversicht setze auf den Herrn, daß ich verkündige all dein Tun.«

Das ist nun auch mein Segenswunsch für Sie, lieber Leser, daß Sie dieses *»Aber«* immer wieder neu bekennen lernen:

»Aber das ist meine Freude . . .«

Aber ich weiß, daß mein Erlöser lebt

Hiob 19, 25

»Ich weiß, daß mein Erlöser lebt und daß er erscheint am jüngsten Tag dieser Erd. Wenn Verwesung mir gleich drohet, wird dies mein Auge Gott doch sehn. Ich weiß, daß mein Erlöser lebet, denn Christ ist erstanden von dem Tod, der Erstling derer, die schlafen.«

Diese Worte aus Georg Friedrich Händels Oratorium »Der Messias« sind Inhalt dieses Kapitels. Ich möchte Sie mit hineinnehmen in die Entstehung dieses Oratoriums.

Es war im Jahre 1741. Seit einigen Tagen begann Georg Friedrich Händel wieder mit seinen planlosen, ruhelosen nächtlichen Wanderungen. In seinem Gemüt stritten Hoffnung und Verzweiflung. Die Gunst der vornehmen englischen Welt, in der er sich Jahrzehnte sonnte, hatte sich von ihm abgewandt. Bittere Not war über ihn gekommen. Der schöpferische Funke erlosch, und mit noch nicht 60 Jahren fühlte er sich alt und lebensmüde.

Als er so allein durch Londons Straßen schritt, blieb er plötzlich vor den Umrissen einer Kirche stehen, und bittere Gedanken stiegen in ihm auf. »Warum gewährt er mir ein neues Leben« – durch Bäder in Aachen war Händel von einer rechtsseitigen Lähmung genesen – »wenn es mir nicht mehr vergönnt ist, zu schaffen?« Dann kam der Schrei aus der Tiefe: »Mein Gott, mein Gott, warum hast du mich verlassen?«

Ohne Hoffnung kehrte Händel in seine armselige Wohnung zurück. Da fiel sein Blick auf ein dickes Paket. Er öffnete. »Ein geistliches Oratorium«, so hieß die Überschrift. Er knurrte über den zweitrangigen Dichter, der es ihm zugeschickt hatte, und besonders über den Satz im Begleitschreiben: »Der Herr gab den Auftrag.«

»Meint der etwa, er sei von Gott inspiriert?« Es paßte Händel nicht, daß ihm ein religiöser Stoff zugeschickt worden war. Seine Verstimmtheit kam wohl daher, daß er zu jener Zeit noch kein gläubiger Christ war wie etwa Johann Sebastian Bach.

Gleichgültig blätterte Händel im Text. Da sprang ihm eine Stelle in die Augen: »Er war verachtet und verschmäht von den Menschen... Er schaute um sich, ob nicht einer Mitleid mit ihm hätte; aber da war niemand, auch nicht einer, der ihn stärkte.« Mit zunehmender innerer Anteilnahme las Händel weiter: »Er vertraute Gott... Gott ließ seine Seele nicht in der Hölle... Er wird dir Ruhe geben.« Diese Worte füllten sich mit Leben. Als Händel weiterlas: »Ich weiß, daß mein Erlöser lebt... Halleluja!«, da wurde es in ihm lebendig. Wunderbare Klänge überstürzten sich in seinem Inneren. Händel griff nach der Feder und begann zu schreiben. Mit unglaublicher Schnelligkeit füllte sich Seite um Seite mit Noten. Am nächsten Morgen fand ihn sein Diener über den Schreibtisch gebeugt. Er stellte das Tablett in Reichweite und schlich hinaus. Am Mittag stand es noch unangetastet da. Gelegentlich griff

Händel nach einem Stück Brot, zerdrückte es in Gedanken und ließ es zu Boden fallen. Er schrieb und schrieb. Zwischendurch sprang er auf und stürzte ans Cembalo, lief auf und ab, fuchtelte mit den Armen in der Luft herum und sang aus voller Kehle: »Halleluja, halleluja!« – »So habe ich ihn noch nie gesehen«, sagte der Diener Händels zu einem Freund. »Er starrt mich an und sieht mich nicht. Die Tore des Himmels, erklärt er, hätten sich vor ihm aufgetan, und Gott selber sei über ihm. Ich fürchte, er wird wahnsinnig.« Vierundzwanzig Tage arbeitete Händel wie ein Besessener, fast ohne Ruhe und Nahrung; dann fiel er erschöpft aufs Bett. Vor ihm lag die Partitur, das fertige Werk des »Messias«.

Da London nichts mehr von ihm wissen wollte, ging Händel mit seinem »Messias« nach Irland, wohin man ihn herzlich eingeladen hatte. Dort kam das Werk zu seiner ersten Aufführung, und zwar in Dublin. Sie war überwältigend. Händel wollte aber keinen Schilling für diese Aufführung annehmen. Der Ertrag sollte den Armen zugute kommen. Wie ein Wunder Gottes lag diese musikalische Schöpfung vor ihm. Sie hatte ihn aus tiefer Verzweiflung aufgerichtet. Ein Jahr später hörte London diese Musik. Dabei geschah etwas Ungewöhnliches. Bei der Stelle des Großen Halleluja: »Denn Gott, der Herr, regiert...« erhob sich unwillkürlich der König und mit ihm die gesamte Zuhörerschaft, und sie blieben bis zum Schluß dieses Chores stehen. Seitdem ist es Sitte in England, das Halleluja stehend anzuhören. Unter Händels persönlicher Leitung wurde der »Messias« 34mal aufgeführt. Am Abend des 6. April 1759 – Händel war 74 Jahre alt – erlebte er zum letzten Mal sein eigenes Werk. Als der Baß mit der Arie: »Die Posaune wird erschallen...« einsetzte, war er so ergriffen, daß er infolge eines Schwächeanfalles fast zu Boden stürzte. Freunde brachten den schon länger erblindeten Meister in sein Heim. Einige Tage später sagte er: »Ich möchte am Karfreitag sterben.« Die Gnade gewährte Gott ihm. Am Karfreitag, dem 14. April 1759, durfte Händel zu dem gehen, den er so ergreifend besungen und der ihm auch das Herz abgewonnen hatte, so daß Händel jubeln konnte: »Ich weiß, daß mein Erlöser lebt.«

Dieses Zeugnis steht auch als Inschrift auf Händels Grabstein in der Westminster Abbey. Selbst wenn die folgende Geschichte nur Anekdote ist, so ist sie doch bezeichnend. Bei einer Hauptprobe zu einer Messiasaufführung soll Händel die erwähnte Arie abgebrochen und zu der Sängerin gesagt haben: »Madam, Sie haben eine wundervolle Stimme, aber Sie wissen nicht, daß Ihr Erlöser lebt!«

Ich weiß, daß mein Erlöser lebt,
das soll mir niemand nehmen!
Er lebt, und was ihm widerstrebt,
das muß sich endlich schämen!
Er lebt fürwahr, der starke Held;
sein Arm, der allc Feinde fällt,
hat auch den Tod bezwungen.

Mein Heiland lebt;
ob ich nun werd in Todes Staub mich strecken,
so wird er mich doch aus der Erd
hernachmals auferwecken;
er wird mich reißen aus dem Grab
und aus dem Lager, da ich hab
ein kleines ausgeschlafen.

Ich werde dann in seinem Licht
ihn sehn und mich erquicken,
mein Auge wird sein Angesicht
mit großer Lust erblicken;
ich werd ihn sehen mir zur Freud
und werd ihm dienen ohne Zeit,
ich selber und kein Fremder.

Trotz sei nun allem, was mir will
mein Herze traurig machen.
Wär's noch so mächtig, groß und viel,
kann man doch fröhlich lachen!
Und drohen Tod und Hölle noch,
Triumph! Triumph! Es bleibet doch
Gott, mein Erlöser, leben

Paul Gerhardt, 1607–1676

Diese Erfahrung machte auch Pfarrer Ulrich Jost aus der Schweiz:

»Ich freue mich, ein Zeugnis für Jesus Christus ablegen zu dürfen, und zwar nicht, weil er mich aus einer menschlich hoffnungslosen Situation herausgeholt hat. Auch solche Erlebnisse gibt es. Nicht, weil er mich erfolgreich meine Arbeit hat tun lassen. Ich bin kein erfolgreicher Mensch geworden, sondern mit 54 Jahren ein Krüppel. Nicht weil ich Ihnen von einer Wunderheilung erzählen könnte. Nein, ich bin krank geblieben. Ich möchte Ihnen aber

ganz schlicht und einfach etwas von dem erzählen, wie Gott einen Menschen in der Tiefe des Lebens glücklich, fröhlich, zufrieden und dankbar machen kann.
In den elfeinhalb Monaten ununterbrochenen Spitalaufenthaltes hatte ich eigentlich nie eine Glaubenskrise. Ich habe seit meiner Jugend Erfahrungen mit Jesus gemacht. Ich glaube, je länger und je mehr Erfahrungen man mit ihm macht, desto stärker wird das Vertrauen. Aber eines muß ich zugeben: Ich war nicht immer mit ihm zufrieden. Ich habe manchmal mit ihm gehadert, besonders wegen meiner Schmerzen. Ich habe einmal zu ihm gesagt: »Du hast am Karfreitag einige Stunden körperlich leiden müssen, ich aber leide nun schon seit zweieinhalb Jahren, und zwar so stark, daß ich manchmal im Pfarrhaus in den Keller ging und vor Schmerzen dermaßen schrie, daß man mich im Dorf hörte.« Und was hat Jesus zu mir gesagt? Er hat mich nicht getadelt. Jesus tadelt nämlich gar nicht auf diese Weise. Er hat zu mir gesagt: »Ueli, du hast recht, aber hast du auch nur einmal, ein einziges Mal schreien müssen, was ich geschrien habe am Kreuz: ›Mein Gott, mein Gott, warum hast du mich verlassen?‹ Und ich mußte beschämt, kleinlaut zugeben: ›Nein, nicht einmal damals, als der Tod an die Krankentüre geklopft hat. Nie habe ich schreien müssen: Mein Gott, mein Gott, warum hast du mich verlassen?‹
Und da ist mir blitzartig aufgegangen, was das Wichtigste im Leben ist: Nicht das Geld, nicht der Erfolg, nicht der Ruhm der Menschen, nicht die Gesundheit, aber auch nicht die Krankheit, sondern das persönliche Zusammenleben mit ihm, Jesus Christus. Ich leide heute noch unter schweren Schmerzen. Ich muß fünfmal am Tag Schmerzmittel einnehmen, die nahe, nahe beim Morphium sind. Ich habe letzte Woche die 150. Nuklearbestrahlung hinter mich gebracht. Ich muß jetzt 15 bis 18 Stunden am Tag liegen und mußte deshalb das große Pfarrhaus mit zehn Zimmern, zwei Estrichen, Keller usw. räumen und in eine ganz kleine Wohnung umziehen. Aber was tut das alles. Es gibt etwas viel Wichtigeres, viel Größeres als Gesund- oder Kranksein, nämlich Jesus Christus selbst. Ja, man kann krank sein, unheilbar krank; ich bin voller Krebs, ich weiß, was ich habe, ich bin Realist. Ich sehe und weiß, wie kurz meine Zeit noch ist. Ich sage das als einer, der von einer tödlichen Krankheit gezeichnet ist. Wichtig dabei ist, daß man die vier Worte sprechen kann: ›Du bist bei mir.‹ Wenn man nur Gottes liebendes Herz schlagen hört. Wenn man nur sein Wort der Vergebung vernimmt.

Seht, wir machen uns viel zuviel Sorgen, die Gott viel besser lösen kann als wir Menschen. Das hat er mir an zwei Beispielen deutlich gemacht. Zuerst an meiner armen Kirchengemeinde, die schon nach vier Monaten zusammensitzen mußte, um zu beraten, wie sie mir das Gehalt kürzen könnte, um den Stellvertreter zu bezahlen. Am gleichen Tag las ich im Losungsbüchlein: ›Mein ist das Silber und mein ist das Gold, spricht der Herr der Heerscharen‹, und obwohl ich querschnittsgelähmt war, habe ich schallend gelacht. Da muß also eine Gemeinde einen ganzen Abend lang eine Sitzung abhalten, um zu beraten, wie man einem Menschen mit einer schweren Krankheit das Gehalt kürzen kann, damit das Budget der Gemeinde ausgeglichen ist, und Gott sagt: ›Mein ist das Silber. Kümmere du dich in deiner Krankheit nicht um diese Sache, ich sorge für dich.‹ Und er hat bis auf den heutigen Tag diese Fragen prächtig beantwortet.
Das andere Beispiel: Im Dezember letzten Jahres wußte ich, daß ich Ende Mai das Pfarrhaus würde verlassen müssen. Das bedeutete also, auf Wohnungssuche gehen. Aber nein, im Dezember sucht man doch keine Wohnung für den 1. Mai! Da feiert man doch Weihnachten. Dann kam der Januar. Wohnungssuche? Nein, um diese Zeit haben sie mir nochmals in einer schweren Operation sieben Wirbel bloßgelegt. Also im Februar? Doch nein, im Februar kamen die nächsten vierzig Bestrahlungen. Also warten wir bis März. Es ist ja immer noch Zeit. Gott weiß ja, daß ich eine Wohnung brauche. Und am 15. März – bis dahin wollte ich mich einfach nicht entscheiden – stieß ich in der Bibel auf das Wort aus 1. Mose 28, Vers 15: ›Siehe, ich bin mit dir und will dich behüten, wo du auch hingehst.‹ Am andern Tag war die Wohnungsfrage gelöst.
Alle sieben Fremdsprachen, die ich gelernt habe – ich habe vier abgeschlossene Berufe hinter mir –, alles Wissen hat mir in der Grenzsituation und jetzigen Tiefe meines Lebens nichts genützt. Was mir aber geholfen und mich getragen hat, war ganz einfach kindlicher Sonntagsschulglaube, das Wissen, daß es ein Gegenüber, einen Herrn und einen Heiland gibt, der hilft. Und vielleicht verstehen Sie jetzt, warum ich an meinem Geburtstag nicht um Gesundheit gebeten habe. Sicher dürfte man das auch; aber ich will mehr als Gesundheit. Ich möchte – und das habe ich von meinem Christus erbeten, und er hat es mir bis heute geschenkt – ich möchte den Weg, den er mich führt, mit ihm zusammen fröhlich und dankbar gehen. Dann kann ich nämlich mit diesem Gott über Mauern springen. Vor allem auch über die größte

Mauer, die einmal kommen wird, den Tod. Und darum möchte ich an dieser Stelle meinem Christus, unserem Herrn, von ganzem Herzen danken. Glücklicher kann keiner sein, auch wenn er gesund ist, als ich es jetzt in meiner schweren Krankheit sein darf.«

Am 6. Dezember 1977 wurde Pfarrer Ulrich Jost beerdigt. Er wußte: »Gott, der Herr, regiert allmächtig. Das Königreich der Welt ist fortan das Königreich des Herrn und seines Christus. Und er regiert auf immer und ewig. Herr der Herrn, der Welten Gott – auf immer und ewig.«

Von Herzen wünsche ich Ihnen, daß auch Sie bekennen können: »*Aber* ich weiß, daß mein Erlöser lebt.«

… aber ich hoffe auf dich

Psalm 31, 15

In einer Zeit, da Hoffnungslosigkeit viele Menschen, junge wie alte, resignieren läßt, horchen wir auf, wenn Menschen uns begegnen, die nicht nur von begründeter Hoffnung sprechen, sondern dieselbe auch leben.

»Hoffnung ist das, was ich mehr als alles andere in diesen Tagen brauche«, so steht es in einem Brief eines kranken Hörers. Er schildert darin seine schwere Lebenslage. Gesundheitlich geht es ihm schlecht. Er schreibt weiter:

> »Als Fürbittenanliegen teile ich Euch mit, daß ich am 27. Juni für acht Wochen zur weiterführenden Rehabilitation nach Gailingen am Bodensee kommen werde. Hoffen und erbeten wir das Beste. Unser Herr kann auf wunderbare Weise helfen. Ich erinnere mich oft an frühere Zeiten, da ich noch laufen konnte. So wie damals steht Jesus auch heute noch und in alle Ewigkeit über uns. Er bietet uns seine Fülle dar und wir brauchen nur zu nehmen.
> Der Zustand meines Laufens hat sich weitaus verschlechtert. Deswegen hatte ich Ende September vorigen Jahres eine schwere Operation im Bereich meines Halswirbels. Mein Rückenmark wurde dabei verletzt, und ich kann nicht mehr laufen, bin aber auch körperlich sehr geschwächt. Ich spüre es deutlich, daß ich als völlig hilfloses Menschenbündel gelten muß. Der Verlust meines Gehörs alleine wäre nicht so tragisch gewesen. Ich hätte niemals erwartet, was da noch auf mich zukommt. Gott führt uns oft unbegreifliche Wege, *aber* er bringt uns zum Ziel. Wir trachten ja nicht danach, wie er uns führt, sondern danach, daß er uns führt. Mir bleibt auch die selige Hoffnung, daß ich meine Beine einmal wieder gebrauchen darf, denn er, das A und das O, hat noch nicht sein letztes Wort gesprochen. Durchzieht ein tiefes Dunkel unser Erdendasein, ist unser Platz in der Herrlichkeit um so heller und leuchtender. ›Der Herr wird dein ewiges Licht sein, und die Tage deines Leidens sollen ein Ende haben‹ (Jesaja 60,20). Mit welch frohem Mut läßt uns unser Herr in die Zukunft blicken!
> Infolge meiner Körperschwäche ist es mir nur möglich, anhand einer elektrischen Schreibmaschine meine Briefe zu gestalten. Auch hier schreibe ich mühsam und langsam, aber ich darf zufrieden sein, überhaupt schreiben zu können. Es wäre hoffnungslos, wenn Gott nicht da wäre. ›Ich *aber*, Herr, hoffe auf dich und spreche: Du bist mein Gott. Meine Zeit steht in deinen Händen.‹«

Dieses Zitat hat mich veranlaßt, den 31. Psalm, dem es entnommen ist, in meinem Herzen, in meinen Gedanken mehr zu bewegen. Dabei fand ich verschiedene Hilfen gegen die Hoffnungslosigkeit, die ich Ihnen gerne weitergeben möchte.

Doch zunächst einige Verse aus diesem Psalm:

> »Herr, sei mir gnädig, denn mir ist angst. Meine Gestalt ist verfallen vor Trauern, dazu meine Seele und mein Leib; denn mein Leben hat abgenommen vor Betrübnis und meine Zeit vor Seufzen. Meine Kraft ist verfallen vor meiner Missetat, und meine Gebeine sind verschmachtet. Es geht mir so übel, daß ich bin eine große Schande geworden meinen Nachbarn und eine Scheu meinen Verwandten. Die mich sehen auf der Straße, fliehen vor mir. Mein ist vergessen im Herzen wie eines Toten. Ich bin geworden wie ein zerbrochenes Gefäß. Denn ich höre, wie mich viele schelten. Schrecken ist um und um. Sie ratschlagen miteinander über mich und denken, mir das Leben zu nehmen. Ich *aber*, Herr, hoffe auf dich und spreche: Du bist mein Gott. Meine Zeit steht in deinen Händen.«

Nun zu einzelnen Aussagen, die mir wesentlich erscheinen in der Auseinandersetzung mit Problemen. Schon gleich zu Beginn des Gebetes macht David die Tatsache fest: »Herr, auf dich traue ich«, und zwar tut er das, weil er über dem ungestümen Andrang des Kummers seinen Gott nicht aus den Augen verlieren möchte. Zuversicht zu Gott und Bitte um Hilfe gehen in seinem Gebet, ja, so möchte man fast sagen, durcheinander. Die Gedanken wechseln je nach Stimmung des Herzens. Da ist der Ruf, die Bitte: »Neige deine Ohren zu mir, eilend hilf mir«, ihm gegenüber steht die Gewißheit: »Denn du bist mein Fels, meine Burg.« Mit diesen beiden besitzanzeigenden Fürwörtern, *mein* Fels, *meine* Burg, bekennt er abermals seine volle Zuversicht zu Gott. Wenn wir in Zeiten der Not und Anfechtung bezeugen, daß wir unser Vertrauen auf unseren Herrn setzen, so ist dies eine der besten Weisen, Gott zu verherrlichen. In solchen Zeiten im stillen Dulden den Glauben bewähren, ist oftmals schwieriger, als im Glauben Taten zu tun. Wie uns das gelingen kann, das können wir bei David lernen. Er führt die Logik des Vertrauens, des Hoffens ins Feld: Weil du mein Gott bist und ich zuversichtlich auf dich traue, so sei mein Führer; nicht um meines, sondern um deines Namens willen. Dein Name ist Bürge dafür, daß du mir hilfst. Denn du bist meine Stärke. Ohne Rückhalt gibt sich David in Gottes Hände. Er unterstreicht sein Vertrauen zu Gott, obwohl sich an seiner Bedrängnis gar nichts geändert hat, indem er Gott im voraus lobt, ihm dankt und ihn anbetet: »Ich freue mich und bin fröhlich über deine Güte, daß du mein Elend ansiehst und erkennst meine Seele in der Not und übergibst mich nicht in die Hände des Feindes und stellst meine Füße auf einen weiten Raum.« Hier zeigt sich: Hoffnung ist keine vage, unsichere Sache. Hoffnung ist konkrete Erwartung.

David stellt sich im Glauben mit seinem Gebet ans Ziel seiner Hoffnung. Von dorther denkt er. Und dies tut er in dem Wissen: Du kennst meine Seelennot und du kümmerst dich darum. Du übergibst mich nicht in die Hände meiner Feinde, auch wenn es so aussieht, als würden sie vorübergehend die Oberhand gewinnen. Wieder wird uns deutlich gemacht, wie Vertrauen ein Kampf zwischen Bangen und Hoffen ist.

Nachdem David sein Herz im Gottvertrauen gestärkt hat, geht er nun dazu über, seinen Jammer bis ins einzelne genau vor Gott auszusprechen. Er schüttet sein Herz aus. Das ist gut. Damit öffnet sich der Kerker der Not, der Problematik, der Hoffnungslosigkeit, in dem seine Seele gefangen war. Der erste Schritt aus der Enge in den weiten Raum ist damit getan, und ihm können nun die entscheidenden weiteren Schritte folgen.

Bedenken wir: Solange wir das, was uns zuinnerst umtreibt, was Leib, Seele und Geist krank macht, in uns verschlossen halten, kann uns kaum geholfen werden. Viel eher besteht die Gefahr, daß Bitterkeit die Problematik noch größer macht. Daher ist es notwendig, vom situationsbezogenen Denken wegzukommen, hin zum verheißungsbezogenen, gottvertrauenden Denken. David trifft eine innere Entscheidung, die dann auch ihre äußeren Auswirkungen hat: »Ich *aber* hoffe auf dich und spreche: Du bist mein Gott. Meine Zeit, mein Leben, steht in deinen Händen.«

David vertraut seinem Gott gegen den Augenschein. Was er eben noch an Not aufgezählt hat, läßt nicht viel Raum zur Hoffnung. Aber er erfährt, auf Hoffnung und Glauben: Wo menschlich gesehen nichts zu hoffen ist, läßt Gott nicht zuschanden werden; denn bei Gott sind unsere Unmöglichkeiten das Material für seine Möglichkeiten. Wesentlich für uns dabei ist, daß wir in all unseren Unmöglichkeiten festhalten an dem: »Ich spreche: Du bist mein Gott«, daß wir von der Wahrheit, daß Gott *unser* Gott ist, so überzeugt bleiben, daß auch gegenteilige Gedanken keine Chance haben, sich in unserem Denken auf Dauer einzunisten und das Vertrauen und die Hoffnung zu Gott zu untergraben. »Ich dachte in meiner Angst, ich bin von deinen Augen verstoßen.« Diesem Bangen steht das Hoffen gegenüber: »Du *aber* bist mein Gott.« Wer sagen kann, weil er sich von Gott gehalten weiß und halten läßt, mitten in aller Bedrängnis: Gott ist *mein* Gott, für den wird selbst Anfechtung, Leid und Leiden wertvoll.

So heißt es in dem eingangs erwähnten Brief weiter: »Ich erfahre etwas bisher so noch nicht Erlebtes, was mir göttliche Zusammenhänge offenbart.«

Die in der Bibel beschriebene Hoffnung hat einen sehr festen Unterbau. Ihr gehen voraus Trübsal, Ausharren, Bewährung. Die Bewährung, das Erfahren des Hindurchgetragenwerdens, zeugt die Hoffnung. Eben diese Hoffnung greift auf viele im Glauben faßbare Erfahrungswerte zurück, die Gott jedem zuteil werden läßt, der sich ihm anvertraut. In dieser Glaubensnachfolge erhält jeder Christ einen verschieden bemessenen Schatz an Trübsal, der über das gläubige Ausharren und die Bewährung dann in eine felsenfeste Hoffnung einmündet, die auch harten Proben widersteht und sich an der von Gott gegebenen Verheißung orientiert. Das uns von Gott gegebene Kapital der Trübsal, das niemand von sich aus sucht und begehrt, trägt Zins und Zinseszins im oben beschriebenen Sinn. Wenn wir in der Lebensschule Gottes bei einer unerschütterlichen Hoffnung angelangt sind, dann haben wir in bezug auf das Kapital Trübsal eine hohe Gewinnansammlung erreicht. Gott macht uns reich an inneren Schätzen, an himmlischen Gütern. Der Erhalt dieser durch Jesus Christus vermittelten Güter ist gebunden an die innere Lebensgemeinschaft mit Jesus. Wie Gott ihn durch Trübsal zum Sieg führt, so läßt er diejenigen, die glaubensmäßig in Christus sind, nicht nur am Leiden um Christi willen teilhaben, sondern ganz besonders am Sieg Jesu Christi: Sieg über Sünde, Sieg über Hoffnungslosigkeit, Hoffnung (= Wissen) auf das ewige Leben. Das sind geistliche Geschenke Gottes an seine Kinder. Die Hoffnung, dieser feste Halt, läßt nicht zuschanden werden.

David hat diese Erfahrung gemacht. So kann er am Ende seines Gebetes bekennen: »Liebet den Herrn, alle seine Heiligen! Die Gläubigen behütet der Herr. Seid getrost und unverzagt alle, die ihr des Herrn harret!« Keiner wird zuschanden, der dies tut!

**Aber sei nur stille zu Gott,
meine Seele...**
Psalm 62, 6

In Psalm 62 lesen wir:

»*Aber* sei nur stille zu Gott, meine Seele; denn er ist meine Hoffnung. Er ist mein Fels, meine Hilfe und mein Schutz, daß ich nicht fallen werde. Bei Gott ist mein Heil und meine Ehre, der Fels meiner Stärke; meine Zuversicht ist bei Gott. Hoffet auf ihn allezeit, liebe Leute, schüttet euer Herz vor ihm aus; Gott ist unsere Zuversicht« (V. 6–9).

An diese Worte mußte ich bei den folgenden Briefauszügen einer Hörerin aus den Jahren 1981–82 denken. Im September 1981 schreibt sie:

> »Gott ist so groß, er läßt mich seine Hilfe täglich erfahren; menschlich gesehen ist es eine große Belastung, ein behindertes Kind zu haben, doch er läßt mich in meiner Not und Arbeit nicht allein. Gerade im Moment bin ich sehr gefordert, da ich eine sterbende Mutter habe. Sie ist an Magenkrebs erkrankt und ihre Tage sind gezählt. Sie ist gläubig und weiß, daß sie bald dem Herrn begegnen wird.
> Mein Mann hatte in diesem Frühjahr einen schweren Kreislaufkollaps und einen Herzinfarkt, so daß ich mit ihm ganz vorsichtig sein muß – also keine schwerwiegenden Unterhaltungen! Vielleicht können Sie jetzt für mich beten, daß Gott mir Kraft gibt, all das, was in Kürze auf mich zukommt, mit seiner Kraft durchzustehen.
> Ich weiß mich ja in seiner Hand geborgen, das macht mich so getrost. Doch manchmal kommt mir der Gedanke, daß Gott mir sehr viel zumutet, weil ja die Dauerbelastung mit meinem behinderten Jungen viel Kraft erfordert.«

Ende Oktober erhalten wir folgende Zeilen:

> »Ich möchte mich für Ihren Brief vom 9. Oktober ganz herzlich bedanken. An dem Tag, als Sie diesen Brief an mich schrieben und dabei für mich beteten, ist meine Mutter heimgegangen. Ich war bei ihrem Sterben dabei und darf im Nachhinein sagen: Es war ein Heimgehen-Dürfen! Ich konnte nur staunen, mit welch einem Frieden und mit wieviel Kraft ich erfüllt wurde, so daß ich noch andere trösten konnte, die hilflos und gebrochen an ihrem Sterbebett standen.
> Vielen Dank für Ihre Fürbitte.
> Noch immer befinde ich mich auf einer Durststrecke, denn die Schwierigkeiten und Nöte des Alltags werden nicht kleiner, sondern größer.

Einen Tag nach der Beerdigung meiner Mutter wird uns vom Arzt gesagt, daß mein Mann einen Tumor am Aortenbogen in der Nähe der Lunge hat. Nun hat man ihm eine Gewebeprobe entnommen, und wir warten jetzt voller Unruhe auf eine Nachricht und hoffen auf ein »gutartig« und befürchten doch ein »bösartig«. Bitte, beten Sie für uns, daß Gott alles zu einem guten Ende bringt und wir noch zusammenbleiben dürfen, um für unseren Thomas gemeinsam sorgen zu können. Wir haben noch zwei erwachsene Kinder, aber beide wohnen 200 km von uns entfernt.
Mein Mann und ich stehen in der Betreuung des behinderten Kindes allein und sind aufeinander angewiesen. Wir haben hier niemanden, der uns mal hilft. Verwandte haben sich zum Teil von uns zurückgezogen . . .«

Am 22. November erhalten wir diese Nachricht:

»Nun möchte ich Ihnen etwas mitteilen und um Fürbitte bitten. Es fällt mir unsagbar schwer, darüber zu sprechen, denn mein Mann und ich gehen durch tiefe Tiefen.
Ich schrieb Ihnen doch von dem Tumor am Aortenbogen. Nun hat sich herausgestellt, daß dieser Tumor schon eine Tochtergeschwulst ist. An der rechten Niere sitzen zwei große Tumore, und im ganzen Körper sind schon Tochtergeschwülste. Eine Operation bedeutet jetzt einen schnellen Tod. Er will sich nicht operieren lassen. Wir bitten Gott täglich, daß ER uns helfen möchte. ER kann auch heute noch Wunder tun und Menschen gesund werden lassen und zu den 55 Jahren, welche mein Mann alt ist, noch dazugeben, wie es bei Hiskia der Fall war. Doch sein Wille soll auch in unserem Leben geschehen. Bis zu dieser Stunde hat ER mir die Kraft gegeben, meinen Mann zu stützen und zu pflegen und den behinderten Jungen zu versorgen – und auch noch einen verzweifelten 79jährigen Vater zu trösten, der über den Tod seiner Frau noch nicht hinweg ist.
Und wenn es mich mal überkommt, daß mir von all der Not die Tränen kommen wollen, dann verschwinde ich in ein stilles Eckchen, weine mich bei Gott aus. Ich verstehe seine Wege mit uns nicht, aber ich vertraue ihm, daß ER es gut mit uns meint. Sie schrieben, daß Gott auch aus dieser schweren Zeit Gutes zu machen weiß – und seine Hilfe ist nicht fern. Nun sieht alles noch dunkler aus, doch ich halte durch, weil ich gehalten werde.«

10. Januar: Irene Quitter antwortet auf meinen Brief vom 7. Dezember und freut sich, daß wir für sie und ihren Mann beten. Dann heißt es weiter:

»Seit dem 22. Dezember kann mein Mann das Bett nicht mehr verlassen. Er hat große Schmerzen und kommt ohne Schmerzmittel nicht mehr aus. Aber ich darf sagen: Trotz schwerem Leid trägt uns Gott hindurch.
Mein Mann gibt jedem Besucher Zeugnis von Jesus. Menschen, die bangend kommen und trösten wollen, gehen mit einem fröhlichen Gesicht und gestärkt wieder fort. Ich kann nur danken, daß mein Mann so tapfer ist und von Gott die Geduld bekommt. Das macht mir alles etwas leichter, denn es ist unsagbar schwer, einen lieben Menschen leiden zu sehen und nicht helfen zu können. Wir bitten weiter um Heilung, auch wenn die Anzeichen anders sind. Ich möchte aber auch sagen: er ist bereit, Jesus zu begegnen. Unser Wünschen und Hoffen soll in Gottes Willen einmünden. Verstehen können wir nicht, warum wir diesen Weg geführt werden, und es ist immer wieder aufs neue schwer, wenn unser behindertes Kind sagt: ›Ich will nicht, daß der Papa stirbt!‹ Denn es bekommt ja alles mit. Es sieht ja, wie schwach sein Papa geworden ist. Wir dürfen im Schlafzimmer nur ganz leise auftreten, denn jede kleinste Erschütterung verursacht unsagbare Schmerzen, und oft kommt auch ein Aufschrei heraus.
Wie unser Weg nun weitergeht, wir wissen es nicht. Wir sind ganz von Gottes Barmherzigkeit abhängig.«

Am 9. Februar schreibt Irene Quitter:

»Für Ihren Brief vom 29. Januar vielen Dank!
Er kam gerade an dem Tag – ja ich kann sagen: mittags um *die* Stunde an, als mein Mann entschlafen ist. Er hat oft vor Schmerzen schreien müssen, daß die Nachbarn es hörten, dann aber kamen auch Phasen, wo die Spritzen wirkten, dann haben wir laut singen müssen, und er hat mitgesungen und gesagt: Die Nachbarn sollen nicht nur mein Schreien hören, sondern auch mein Singen! Ich habe mit meinen Kindern viel erlebt. Erlebt, wie grausam ein Krebssterben ist, aber auch wie Gott hindurchträgt. Dieses Sterben meines lieben Mannes, so weh es mir auch tut, war nicht sinnlos. Das durften wir spüren. Seine Beerdigung war in Gegenwart des Heiligen Geistes, und mir wurde viel Kraft geschenkt. Ein Verwandter von uns hat das Lied mit seiner Gitarre gesungen:

›Laßt mich gehn, laßt mich gehn, daß ich Jesum möchte sehn.‹ Alle Verse! Davon bekomme ich jetzt laufend zu hören, wie gut das Lied gefallen hat. Es war für meinen Mann noch ein Zeugnis für Jesus über den Tod hinaus.
Ich schäme mich aber auch nicht, Ihnen mitzuteilen, daß ich diesen Brief unter Tränen schreibe. Daß ich körperlich am Ende meiner Kraft bin, nachdem ich jetzt zur Ruhe komme. Thomas verarbeitet den Verlust seines geliebten Vaters auf seine Weise; er ist sehr unruhig. Ich bitte Gott täglich um Kraft. ›Dennoch bleibe ich stets an ihm, denn er hält mich bei seiner rechten Hand.‹ Mein Mann hat alles nun hinter sich und darf ausruhen von den Leiden dieser Zeit. Irgendwann kommt auch mal *meine* letzte Stunde, und dann dürfen wir uns wiedersehen.«

Als ich diese Briefe gelesen hatte, mußte ich noch an andere Worte der Bibel denken, so z. B. an 2. Korinther 4,16: »Darum werden wir nicht müde; sondern ob auch unser äußerer Mensch verfällt, so wird doch der innerliche von Tag zu Tag erneuert.« Paulus hat diese Worte geschrieben, aber nicht nur das, er hat sie auch praktiziert und bietet sie uns als Lebens- und Glaubenshilfe an für beschwerliche Wege.

»Wir werden nicht müde!« – »Wir verzagen nicht«, übersetzt Hans Bruns. »Wir verlieren nicht den Mut«, gibt die Wiese-Übersetzung diesen Satz wieder.

Warum werden wir so leicht müde? Paulus sagt: Unser äußerer Mensch wird aufgerieben. Wie ein Werkzeug durch ständigen Gebrauch abgenutzt wird, wie der Rost Eisen zerstört, wie die Motten den Stoff zerfressen, wie eine Maschine durch das ständige Gefordertwerden verschlissen wird – so ähnlich wird unser Leben aufgerieben.

Wir – und da meine ich besonders die Kranken – erleben es besonders schmerzlich: Unser Leben ist ein Weg des Sterbens, des Abnehmens der Kräfte. Man muß eins nach dem anderen aus den Händen geben. Der äußere Mensch zerfällt!

Paulus weiß das. Aber er lehnt sich nicht dagegen auf. Er weiß: Auflehnen bringt nichts. Es raubt nur noch den Rest der Kraft, die eigentlich zum Überwinden gebraucht wird. Wie überwinden wir? Paulus: Der innere Mensch wird von Tag zu Tag erneuert. Er »empfängt von Tag zu Tag neue Kraft« (Menge). Im Buch des Propheten Jesaja lesen wir das Wort: »Aber die auf den Herrn harren, kriegen neue Kraft, daß sie auffahren mit Flügeln wie Adler ...« (Jesaja 40,31).

Die natürlichen Kräfte vergehen. Jugend und Gesundheit zerfallen. Aber in der Hinwendung zu Gott erhalten wir neue Kraft, daß wir im »Adlerflug des Glaubens« uns über die Tiefen, die uns nach unten ziehen wollen, emporschwingen können. Wörtlich heißt es hier: »daß sie ihr Gefieder erneuern wie die Adler.« Hier liegt das Bild der Mauserung zugrunde. Die Adler stoßen nach der Brut ihre zerschlissenen Federn ab. Und es wachsen ihnen neue, die sie sicher tragen können und die wasserundurchlässig und wärmeisolierend für den Winter sind.

Die Mauserung ist ein schwaches Abbild für das Wunder der inneren Erneuerung, die der Mensch, der Jesus liebt und ihm vertraut, täglich erfahren kann.

Wie geschieht das?

Wir dürfen die Sorgenlasten im Gebet Gott zu Füßen legen. Wir dürfen uns üben im verheißungsbezogenen, Gott vertrauenden Denken. Tägliche Erneuerung heißt: Wir dürfen unsere Nöte vor Gott aussprechen und durch Jesus Christus, durch sein Wort und seinen Geist Hilfe erfahren. Jesu Nähe ist heilender Medizin vergleichbar für unseren inneren Menschen. Wir dürfen die Bibel aufschlagen und unseren Finger auf Gottes Verheißungen legen und ihn beim Wort nehmen: »Du hast gesagt!« Dann erleben wir: »Den Abend lang währt das Weinen, *aber* des Morgens ist Freude« (Psalm 30,6). Dann freuen wir uns der Teilhabe am Sieg Jesu über die Sorge und Verzagtheit; dann »überwinden wir weit« (Römer 8,37).

Freilich, Überwinderkräfte gibt es nicht auf Vorrat, wie in Konservendosen. Wir würden uns verausgaben und hätten für den anderen Tag keine Kraft mehr. Das weiß unser Herr. Darum handelt er seelsorgerlich an uns: Wie die Tage, so die Kraft. »Von Tag zu Tag« sollen und dürfen wir die notwendige Kraft zum Überwinden von ihm erbitten. Uns an sein Wort halten: »Sorget nicht für den anderen Morgen, denn der morgige Tag wird für das Seine sorgen. Es ist genug, daß jeder Tag seine eigene Plage habe« (Matthäus 6,34).

... aber deine Tröstungen erquickten meine Seele

Psalm 94, 19

Kummer – ein Wort, das seinem Inhalt nach nur wenigen Menschen unbekannt ist. Es hat viele Gesichter. Gerade auch der kranke Mensch ist davon in Mitleidenschaft gezogen, weil seine Gedanken um viele Fragen kreisen, die mit seiner Existenz in Gegenwart und Zukunft, nicht selten auch Vergangenheit – werde ich jetzt für etwas bestraft, wo ich schuldig geworden bin? – zusammenhängen. Dann die anderen Fragen, die mehr oder weniger zu schaffen machen: Warum ich? Warum jetzt? Wie soll es weitergehen? Wird es überhaupt noch einmal besser? Wer versteht mich denn überhaupt? Wer kümmert sich um mich? Wer erledigt meine Angelegenheiten? Wer sorgt für meine Zukunft?

Fragen, die das Leben unerträglich machen wollen. Und wenn sie tage-, wochen-, monate- und vielleicht sogar jahrelang einen umtreiben, dann lösen sie schon eine starke Bedrängnis aus.

Nun sind die meisten Ratschläge, die man in solchen Lebenslagen zu hören bekommt, zwar gutgemeint, aber selten wirklich hilfreich. Was heißt schon: »Nimm's nicht so tragisch!« Oder: »Kopf hoch, es wird schon wieder werden! Laß dich nicht unterkriegen!« Letztlich alles vordergründiges Vertrösten!

Ich kenne beides auch aus eigenem Betroffensein: die bangen Fragen und die gutgemeinten Ratschläge. Aber ich kenne auch die Adresse, wo einem wirklich geholfen werden kann. Ich habe damals meine mich bedrängenden Gedanken in Tagebuchform niedergeschrieben. Hier ein kleiner Auszug:

Herr, mein Gott,
ich liege auf meinem Bett
und kann nicht schlafen.
Die Minuten werden zu Stunden.
Die Nacht will nicht enden.
Wirr wechseln die Bilder
in meinem Gedächtnis.
Ein Gedanke jagt den andern.
Fragen schleichen sich ein.
Sie bedrängen mich.
Sie springen mich an
wie ein wildes Tier.
Sie trüben meine Zuversicht,
sie verängstigen mein Gemüt,
sie rauben meine Freude,
sie verletzen meinen Glauben,
sie bringen mir Zweifel.

Herr, mein Gott,
ich verstehe dich nicht mehr!
Auch dein Handeln mit mir
und auch den andern ist mir unbegreiflich.
Alle meine Fragen münden ein
in ein erdrückendes: Warum?
Ich will aber nicht erdrückt werden!
Ich will Antwort auf meine Fragen!

Ein ähnlich angefochtener Beter – wir lesen das in Psalm 94 – gibt uns Hilfe, mit unseren Fragen, unserem Kummer recht umzugehen. Er faßt seine Erfahrung zusammen in den Satz, der zugleich ein Bekenntnis ist: »Ich hatte viel Kummer in meinem Herzen; aber deine Tröstungen erquickten meine Seele« (Psalm 94,19). Oder wie eine andere Übersetzung lautet: »Bedrückt die Fülle der Sorgen mein Herz, so erquickt dein Trost meine Seele!« Er will uns sagen: Bei den vielen Sorgen in meinem Herzen erfreut dein Trost meine Seele!

Was hatte er denn für Sorgen und Kummer? Wenn wir den ganzen Psalm 94 lesen, dann bekommen wir Einblick in das, was sein Herz beschwert, seine Gedanken belastet und sein Leben quält. Er ist umgeben von Feinden. Ihm macht der Stolz der Gottlosen zu schaffen, ihr freches, gotteslästerliches Reden, ihr unverantwortliches Handeln. Und: Er versteht Gott nicht mehr, weil es den Anschein hat, als kümmere ihn das Ganze gar nicht. So kommen viele Fragen im Herzen des Beters auf: Warum greift Gott nicht ein? Warum beendet er diese Ungerechtigkeit und Not nicht? Wie lange soll das alles noch dauern?

Gerade dieses Warten ist es, das ihn fast fertigmacht in seinem Gottvertrauen. Es macht ihn ganz verrückt, im wahrsten Sinne des Wortes. Es will ihn nämlich aus der Mitte seines bisherigen Gottvertrauens herausdrängen. Er kann fast nicht mehr warten: Herr, bitte, tu etwas, so fleht er. Ja, er drängt Gott geradezu, zu handeln, weil er, trotz allem, weiß: Recht bleibt bei Gott Recht. Aber er ist auch ehrlich genug, zuzugeben, daß ihm dies alles großen Kummer bereitet, dieses Warten ihm schwer zu schaffen macht, ja er Angst hat, daß seine Geduld die Spannung nicht mehr aushält.

Und worin bestehen nun seine Tröstungen? »Ich hatte viel Kummer in meinem Herzen, aber deine Tröstungen erquickten meine Seele.« Dieses kleine Wörtchen ›aber‹ zeigt die Wende an. Der Beter erinnert sich an dreierlei Erfahrungen seines Glaubenslebens, die ihm auch bisher zur Hilfe wurden in den Anfechtungen und Kümmernissen seines Lebens. Er greift auf Erprobtes zurück. Das ändert seine innere Einstellung!

Da ist als erstes das *Gebet*. Er hat erfahren: Beten richtet auf, läßt aufatmen, weil es entlastet. Bringt inneren Frieden, weil die Unruhe des Herzens und der Gedanken befriedet wird.

Jedes noch so erschreckende Unglück verliert ein gut Teil seines Schreckens und seines Druckes, seiner Last, wenn es im Gebet beim Namen genannt und sozusagen Gott zu Füßen gelegt wird. Schon allein das Aussprechen entlastet den Kummer, erhellt den durch Angst verdunkelten Blick auf Jesus, den Heiland und Herrn. Wir erreichen in der Zwiesprache mit Gott den, der unseren Schicksalsschlägen überlegen ist. Er hört uns an, und er hört uns zu, und er erhört uns nach seinem Wohlgefallen.

Das zweite: Nun gilt es für den Beter, sich in *Geduld* zu üben. Er hat Gott gesagt, was ihn bekümmert. Damit ist der Kummer, der unsere Tage unerträglich machen will, nicht einfach weggeblasen. Aber er hat seine vorgetäuschte Allmacht eingebüßt, er hat den Platz angewiesen bekommen, der ihm zusteht: unter dem Kreuz Jesu Christi bei Gott. Wir sind ihm nicht mehr ohnmächtig ausgeliefert. Gott ist größer als aller Kummer. Er ist der Herr!

Nun sitzt der Beter sozusagen im Wartezimmer Gottes und übt sich in Geduld. Sein Vertrauen kommt in die Krisis. Wohin tendiert es? Zum Kummer? Zu Gott? Zum Verzagen? Zur Zuversicht?

Ich kenne diese auftretende Spannung, die dann das Glaubensleben bedrängt, aber auch zugleich fruchtbar werden lassen kann; je nachdem, wie wir mit der Anfechtung umgehen.

In den bereits vorhin erwähnten Tagebuchaufzeichnungen stehen solche Gedanken von mir:

Herr, mein Gott,
warum muß das alles überhaupt nur sein?
Was hat es für einen Sinn?
Warum diese Zwänge, dieses Angefochtensein, diese Schmerzen?
Gib mir Antwort!
Gilt mir dein Wort: »Glücklich der Mensch, der die Anfechtung erduldet,
denn nachdem er bewährt ist, wird er die Krone des Lebens empfangen, welche Gott verheißen hat denen, die ihn liebhaben«?

Herr, mein Gott,
warum suchtest du gerade mich?
Warum muß mir das passieren?
Sollen mich die Widerwärtigkeiten von dir trennen?

Gib mir Antwort!
Gilt mir dein Wort: »Ist Gott für uns, wer mag wider uns sein? In allem überwinden
wir weit um des willen, der uns geliebt hat. Ich bin gewiß,
daß weder Tod noch Leben, weder Engel noch Fürstentümer noch
Gewalten, weder Gegenwärtiges noch Zukünftiges, weder Hohes noch
Tiefes noch keine andere Kreatur mag uns scheiden von der Liebe
Gottes, die in Jesus Christus ist, unserem Herrn«?

Diese Gedanken zeigen die neben Gebet und Geduld notwendige dritte geistliche Hilfe auf: das *Sich-Verlassen auf Gottes Wort* – mit seinen Zusagen, Verheißungen, Wegweisungen und Korrekturen. Wie sagt der Beter in Psalm 94: »Ich hatte viel Kummer in meinem Herzen, *aber* deine Tröstungen erquickten meine Seele.«

Unsere »Erste-Hilfe-Maßnahmen« im Wartezimmer Gottes: Wenn die Geduld zu erlahmen droht, sollen wir beim Herzausschütten im Gebet bleiben und zugleich Gottes Verheißungen im Glauben ergreifen und in den leeren Raum, aus dem wir den Kummer herauslassen, sein Wort aufnehmen. Worte wie: »Ich will dich nicht verlassen noch versäumen.« – »Es sollen wohl Berge weichen und Hügel hinfallen, *aber* meine Gnade soll nicht von dir weichen, und der Bund meines Friedens soll nicht hinfallen, spricht der Herr, dein Erbarmer.« – »Keiner wird zuschanden, der dein harrt.« In seinem Wort ist Gott mit seinem Leben gegenwärtig.

Dietrich Bonhoeffer bezeugt es einmal so in seinem Leben:

In mir ist es finster,
aber bei dir ist es licht.
Ich bin einsam,
aber du verläßt mich nicht.
Ich bin kleinmütig,
aber bei dir ist die Hilfe.
Ich bin unruhig,
aber bei dir ist der Friede.
In mir ist Bitterkeit,
aber bei dir ist die Geduld.
Ich verstehe deine Wege nicht,
aber du weißt den Weg für mich.

Prägen wir uns Kernworte der Bibel ein. Sie helfen uns, die Stimmungen, die Gemütsverfassung, die Anfechtungen, Depressionen, ja auch die nicht verstandenen Wege anzunehmen, zu meistern, damit zu leben, sie zu gehen. Sie werden zu heilender Medizin.

Das erleben wir zur Zeit bei einer Frau unserer Gemeinde, die wir seit etwas über ein Jahr begleiten. Ein Schlaganfall hat sie aus dem gewohnten Rhythmus, dem Gebrauchtwerden und Sich-gebrauchen-Lassen für andere herausgerissen. Nachdem zunächst eine Besserung eingetreten und die Sprache wiedergekommen war, wurden durch einen zweiten Schlaganfall die Kümmernisse ganz groß. Bis auf zwei Worte – »danke« und »diese« – war der Sprachschatz reduziert. Zu dieser Begrenztheit kommt körperliche Schwäche; aber auch Mutlosigkeit, Anfechtungen – wie soll es weitergehen? – bleiben nicht aus. Viel Kummer in einem Herzen.

Aber auch sie hat erfahren, was der Psalmist bekennt: »Ich hatte viel Kummer in meinem Herzen, *aber* deine Tröstungen erquickten meine Seele.« Auch ihr sind das Gebet, die Geduld, das Wort Gottes zur täglichen Tröstung und Erquickung ihrer Seele geworden.

Obwohl sie nicht sprechen konnte, forderten der Blick und die gefalteten Hände den ersten Besucher des Tages zum Lesen der Losung und des Lehrtextes der Herrnhuter Brüdergemeine sowie zum Gebet auf. Das ist all die Monate hindurch so geblieben. Und auch jetzt, wo sich mehrere Wörter wieder bilden und sie auch wieder teilweise am Gemeindeleben teilnehmen kann, wenn sie aus der Klinik abgeholt wird, sind Gebet, Geduld und das Wort Gottes die Hilfen, die ihr zu den Tröstungen in ihrem Kummer werden. Denn der Kummer ist ja auch bei ihr nicht einfach weggeblasen. Und doch: Es bleibt nicht aus, daß auch Lob über die Lippen kommt, wenn auch stockend, so doch aus tiefstem Herzen. Eins dieser neuen Worte ist »wunderbar!«

Loben – was ist das? Es ist das Zugeständnis: Herr, selbst habe ich es nicht geschafft: *aber* du, mein Gott, hast es in mir fertiggebracht! Darum habe Lob und Dank! Es gibt mir neue Zuversicht, die nächste Wegstrecke unter die Füße zu nehmen – weil du da bist!

Loben ist die Erneuerung der Gottesbeziehung, das Preisgeben dessen, was mir viel Kummer gemacht hat. Der Beter unseres Psalms spricht die Lebenserfahrung aus: »*Aber* der Herr ist mein Schutz; mein Gott ist der Hort meiner Zuversicht« (V. 22).

... aber auf dein Wort ...

Lukas 5, 5

Gottvertrauen ist das Stichwort, über das wir ein wenig nachdenken wollen in den folgenden Minuten.

Kennen Sie auch Lebenslagen, in denen Sie gegen den Augenschein aufgefordert wurden, Gott zu vertrauen? Und dann kam die Auseinandersetzung mit den uns bedrängenden Gedanken. Bedenken kamen uns; Einwände machten sich breit; unsere Logik meldete sich zu Wort; Zweifel schlichen sich ein ... Alle wollten nur eins: verhindern, daß wir das Wagnis des Glaubens eingehen.

Petrus, ein Nachfolger Jesu, hat das auch erlebt. Der Arzt Lukas berichtet darüber, wie Petrus mit dieser Anfechtung umgegangen ist:

»Eines Tages stand Jesus am Ufer des Sees Genezareth. Die Menschen drängten sich um ihn und wollten Gottes Botschaft hören. Da sah er zwei Boote am Ufer liegen. Die Fischer waren ausgestiegen und reinigten ihre Netze. Er setzte sich in das eine der Boote, das Simon gehörte, und bat ihn, ein Stück vom Ufer abzustoßen. Dann sprach er vom Boot aus zu der Menschenmenge.

Als er seine Rede beendet hatte, sagte er zu Simon: ›Fahr hinaus auf den See und wirf mit deinen Leuten die Netze zum Fang aus!‹ Simon erwiderte: ›Wir haben uns die ganze Nacht abgemüht und nichts gefangen. Aber weil du es sagst, will ich die Netze noch einmal auswerfen.‹ Sie taten es und fingen so viele Fische, daß die Netze zu reißen begannen. Sie mußten die Freunde im anderen Boot zur Hilfe herbeiwinken. Schließlich waren beide Boote so überladen, daß sie fast untergingen.

Als Simon Petrus das sah, fiel er vor Jesus auf die Knie und bat: ›Herr, geh fort von mir! Ich bin ein sündiger Mensch.‹ Denn ihn und die anderen, die bei ihm im Boot waren, hatte die Furcht gepackt, weil sie einen so gewaltigen Fang gemacht hatten. So ging es auch Jakobus und Johannes, den Söhnen des Zebedäus, die mit Simon zusammenarbeiteten. Jesus aber sagte zu Simon: ›Hab' keine Angst! Von jetzt an wirst du Menschen fischen.‹ Da zogen sie die Boote an Land, ließen alles zurück und gingen mit Jesus.« (Lukas 5,1–11 [Gute Nachricht])

Nun werden wir nicht das gleiche erleben, und doch können wir ähnliches erfahren, denn auch uns gilt: »... Wunder sollen schauen, die sich auf sein wahrhaftig Wort verlassen und ihm trauen.«

Das beginnt schon nach manch einer durchwachten Nacht – und so eine Nacht kann harte Arbeit sein, wenn dunkle Gedanken einen bedrängen, quälende Schmerzen dazukommen und die Angst einem zu schaffen macht. Da wird der Glaube mächtig angefochten. Da wird uns unser Vertrauen zu Jesus streitig gemacht. Da ist es gar nicht einfach, mit dem »Warum? Warum jetzt? Warum so lange?« und auch dem »Wozu?«

fertigzuwerden. Da kann es passieren, daß am nächsten Morgen die Seele und auch der Leib ganz zerschlagen sind – und das Gottvertrauen auch angeschlagen ist.

Dann ist es schon ein Stück Sieg über die Anfechtung, wenn wir uns daranmachen, wie gewöhnlich unseren Alltag zu bewältigen (das Alltägliche zu tun, trotz der Enttäuschung einer deprimierenden Nacht), also: aufstehen, uns frisch machen und anziehen, das Frühstück richten, die Medikamente nehmen, die Wohnung etwas in Ordnung bringen...

Wie gesagt: Diesem Alltäglichen, trotz der Enttäuschung einer deprimierenden Nacht, nachkommen, ist bereits der erste Schritt aus der Niedergeschlagenheit.

Und der zweite ist: Wir sollten an einem solchen Morgen, auch wenn uns nicht danach zumute ist, es nicht unterlassen, uns mit Gottes Wort zu beschäftigen, uns also unterbrechen zu lassen in diesem Alltäglichen, ohne aus Enttäuschung abzuwehren: Was soll's bringen?! Dabei mag tatsächlich zunächst gar nichts Außergewöhnliches geschehen, wenn wir die Losung lesen oder die angegebene Bibellese oder eine Andacht, ein Gesangbuchlied zu uns sprechen lassen. Doch plötzlich spricht uns Gottes Wort und Geist an, und dieser Anspruch führt uns in einen Gegensatz zu dem, was uns noch beschäftigt von der zurückliegenden Nacht: dem Gefühl der Einsamkeit, der Verlassenheit, der Angst, der Hilflosigkeit, des Ungeliebtseins. Und nun wird uns durch Gottes Wort gesagt: Du bist nicht allein, ich bin bei dir. »Ich will dich nicht verlassen noch versäumen. – In der Welt habt ihr Angst, *aber* seid getrost, ich habe die Welt überwunden.« Ich bin deine Hilfe. Ich habe dich lieb.

Oft kommen dann unsere Bedenken, unsere Einwände, unsere Logik: Ja, aber... es hat sich doch gar nichts geändert. Meine Anfechtung ist da, meine Niedergeschlagenheit, meine Schmerzen machen mir auch zu schaffen, ich fühle mich unverstanden, ungeliebt, Angst treibt mich um und engt mich ein.

Nicht wahr, Petrus machten ganz ähnliche Gedanken zu schaffen. Er hatte auch ein »Aber«. Doch sein Aber war kein Gott mißtrauendes, sondern ein Gott vertrauendes *Aber*: »*Aber* auf dein Wort...«, »... *aber* weil du es gesagt hast...«

»Du hast's gesagt, und darauf wagt mein Herz es froh und unverzagt und läßt sich gar nicht grauen!«

Er fuhr – trotz seiner Bedenken: Wir haben uns die ganze Nacht abgemüht und nichts gefangen, und jetzt am Tag soll's gelingen – aufs Meer, wo es am tiefsten ist. »Und sie fingen so viele Fische, daß die Netze zu reißen begannen.«

»*Aber* auf dein Wort« – Wenn wir in diesem uneingeschränkten Vertrauen auf Jesus und sein Wort es wagen, »auf den See zu fahren«, geht es heraus aus den Niederungen unseres Lebens. Da machen auch wir heute die Erfahrung: Er hält Wort! Er macht keine Sprüche; er hält, was er verspricht. Da erfahren wir: »Von allen Seiten umgibst du mich und hältst deine Hand über mir.« – »Mitten in der Angst bist du da!« – »Ich bin geliebt!« – »Keiner wird zuschanden, der dein harrt!«

Da erfahren wir: Ich brauche mir nicht die Bettdecke über den Kopf zu ziehen. Ich darf und kann aufstehen. – Ich brauche nicht nur negativ zu denken und zu reden. Ich habe auch Grund zum Danken! – Ich brauche nicht in der Abhängigkeit der Meinung anderer über mich steckenzubleiben. Ich kann meine Schwachheit annehmen. – Ich brauche nicht an Enttäuschungen hängenzubleiben. Ich kann neue, wohltuende Erfahrungen sammeln.

Petrus fing so viele Fische, daß beide Boote – auch das seiner Freunde – so überladen waren, daß sie fast untergingen. Diese neuen, wohltuenden Erfahrungen bereichern unser Leben so, daß auch die Menschen, die mit uns leben, dadurch gesegnet werden. Wenn wir nicht im Jammern und Klagen, im Bemängeln und Kritisieren steckenbleiben, sondern ein neues Lied – auch das Lied des Dankens – auf unsere Lippen kommt, dann tut das nicht nur unserem Leib und unserer Seele gut, sondern auch denen, die mit uns leben. Von zufriedenen Menschen geht Frieden aus. Wer sich in Gott geborgen weiß, strahlt Gelassenheit aus. Ihn prägen Geduld, Demut, Liebe. Glaube und Hoffnung machen ihn fähig, auch andere zu ermutigen, wenn sie angefochten und niedergeschlagen sind, Gott uneingeschränkt zu vertrauen. »Auf dein Wort hin ...« Du hast es gesagt! Dieses Mit-teilen macht das eigene Leben nicht ärmer.

Solches Erleben führt alle Beteiligten vielmehr immer wieder ins Staunen und in die Anbetung: »Herr, wie groß bist du! Geh von mir fort, ich bin ein sündiger Mensch!« Doch statt von uns wegzugehen, beschenkt uns Jesus mit seiner lebenspendenden Gemeinschaft. Damit ist die Enttäuschung überwunden.

Eine Hörerin bezeugt ihre diesbezügliche Erfahrung so:

> »Es war im Sommer 1980, als ich erstmals von einem heimtückischen Schub der noch immer unheilbaren Krankheit Multiple Sklerose überrascht wurde. Von einem Tag zum andern war ich gelähmt, konnte nicht mehr gehen und nicht mehr schreiben. Von einem Tag zum andern war aus der aktiven Kriminalbeamtin eine schwache, hilflose Frau von 26 Jahren geworden. Wie sollte es nun weitergehen? Würden die zahlreichen Untersuchungen Ergebnisse hervorbringen, welche die Ärzte dann auswerten – und mir dann helfen könnten?
>
> Ich war verzagt und trotz all der lieben Worte von Eltern,

Freunden und Bekannten mit meiner Verzweiflung allein. Aber ich wollte ja so gerne glauben, wieder laufen zu können, wieder gesund zu werden – und ich war bereit zum Glauben. Und es geschah das Wunder an mir: Ich fühlte mich wieder ganz gesund, und selbst die Ärzte begannen, an ihrer Diagnose zu zweifeln. Doch im Frühling 1981 hat mich dann die Krankheit zum zweitenmal heimgesucht – zum zweitenmal war ich hilflos und schwach wie ein Kind. Und wieder und immer wieder habe ich gebetet: »Lieber Gott, hilf mir! Du kannst es. Du bist mein Arzt, auch wenn alle Menschen dieser heimtückischen Krankheit keine Chance geben. Du kannst mir helfen!« Und die Genesung trat zum zweitenmal ein.
Im Winter 1981 ergriff mich der dritte Schub mit einer derartigen Macht, daß ich zu nichts mehr fähig war. Nicht einmal sonst selbstverständliche kleine Tätigkeiten konnte ich allein ausführen. Diesmal war ich rechtsseitig ganz gelähmt und sah mich schon im Rollstuhl in irgendeinem Behinderten-Wohnheim. Aber selbst dann, als ich nichts mehr tun konnte, habe ich doch noch eines tun können: zu Gott beten und hoffen und glauben, daß er allein helfen kann, selbst wenn die Lage noch so aussichtslos scheint. Und ich wußte ja auch: Ich darf mit all meiner Angst und Not zu ihm kommen – und er wird mir helfen, auch wenn ich nicht weiß, wie – aber er hilft! Und schon im Gebet spürte ich eine Kraft, die mir Hoffnung gab und die mir half, das Schwere besser ertragen zu können. Und die »Fortschritte« kamen, zunächst nur innerlich, indem ich ruhiger wurde und nicht mehr so viel Angst hatte ... und dann allmählich auch äußerlich. Ganz geringfügig konnte ich die Finger und Zehen wieder bewegen und nach langen Wochen wieder aufstehen und mich an den Wänden und Möbeln fortbewegen – die ersten, noch ängstlichen Schritte nach einer langen Zeit. Heute bin ich dank Gottes Gnade und dem Wissen meiner Ärzte wieder so weit »hergestellt«, daß ich wieder Dinge tun kann, von denen ich in den schlimmen Zeiten nur träumen konnte. Und wenn ich heute Menschen begegne, die mich in jenen schweren Zeiten nicht gesehen haben, so kann es mitunter vorkommen, daß sie meinen, ich würde maßlos übertreiben und angeben, wenn ich von meiner Krankheit erzähle. Aber ich weiß, daß es kein Alptraum war, sondern harte, grausame Realität, und ich weiß auch, daß es Gott war, der mir so wunderbar geholfen hat und immer noch hilft.
Und aus meinen Erfahrungen heraus muß ich sagen: Man soll nirgends im Leben überheblich sein, aber im Glauben an Gott und

seine Macht muß man es bedingungslos sein, denn der Glaube hilft und gibt uns selbst in schweren Zeiten Hoffnung!
Zum Abschluß aber möchte ich noch schreiben, daß ich für die schweren Zeiten dankbar bin, denn sie waren ja nicht nur schwer, sondern auch reich an Glaubenserfahrung. Denn ohne diese schweren Zeiten hätte ich weiterhin im gedankenlosen Ablauf der Tage gelebt und hätte nie so intensiv erfahren, daß nichts selbstverständlich ist, sondern alles in Gottes Händen liegt!«

Erinnern wir uns daran, wenn wir eine ähnliche Anfechtung zu bestehen haben: Jesu Herrlichkeit schauen wir, wenn wir uns auf sein wahrhaftig Wort verlassen und ihm trauen. Wenn wir seinem Wort, trotz mancher Bedenken, gehorsam sind.

Von Herzen wünsche ich Ihnen diese frohmachende Erfahrung: »Was er verspricht, das bricht er nicht, er bleibet meine Zuversicht. Ich will ihn ewig preisen.«

Aber einer...dankte ihm
Lukas 17, 11-19

Dankbarkeit ist für sehr viele Menschen heute nur noch ein leeres Wort. Gleichgültigkeit kennzeichnet sie, oft sogar Abgestumpftsein. Man nimmt die Tage, wie sie fallen. Ein selbstverständlicher Trott. Passiert dann etwas Besonderes, heißt das noch lange nicht, daß sich die Einstellung des betreffenden Menschen grundlegend ändert.

Immer wieder fällt mir, wenn ich über das Danken nachdenke, ein Bericht aus dem Neuen Testament ein. Der Evangelist Lukas erzählt ihn:

> »Auf dem Weg nach Jerusalem zog Jesus durch das Grenzgebiet von Samarien und Galiläa. Als er in ein Dorf ging, kamen ihm zehn Aussätzige entgegen. Sie blieben in gehörigem Abstand stehen und riefen laut: ›Jesus! Herr! Hab Erbarmen mit uns!‹ Jesus befahl ihnen: ›Geht zu den Priestern und laßt euch untersuchen!‹
> Unterwegs wurden sie gesund. Einer *aber* aus der Gruppe kam zurück, als er es merkte. Laut pries er Gott, warf sich vor Jesus nieder und dankte ihm. Der Mann war ein Samariter. Jesus sagte: ›Zehn habe ich gesund gemacht. Wo sind die anderen neun? Warum sind sie nicht auch zurückgekommen, um Gott die Ehre zu erweisen, wie dieser Fremde hier?‹ Dann sagte er zu dem Mann: ›Steh auf und geh nach Hause, dein Vertrauen hat dich gerettet.‹« (Lukas 17,11–19 [Gute Nachricht])

Zehn Menschen machen eine besondere Erfahrung. Doch nur einer kommt zu einem sogenannten »Aha-Erlebnis«. Ihm geht etwas Besonderes auf. Neun werden »nur« gesund, einer *aber* wird gesund und dankbar. Alle sind sie durch Aussatz so gezeichnet, daß sie zu Außenseitern der menschlichen Gesellschaft gestempelt wurden. »Sie blieben in gehörigem Abstand stehen.« Wie könnte es deutlicher werden! Abgeschnitten vom Leben! Kandidaten des Todes!

Sie begegnen Jesus – und nützen ihre Chance. Sie rufen ihn an: »Jesus! Herr! Habe Mitleid mit uns!« Im Ruf nach dem Erbarmen Jesu öffnen sie ihren Lebensraum – oder sachlicher gesagt: ihren Sterbensraum – diesem Herrn.

Wie reagiert Jesus auf Menschen, die ihm ihr Leben öffnen? Er sieht ihre Not und geht auf sie ein. Er nimmt sich ihrer an. Wie? Unkonventionell! Die Barmherzigkeit Gottes wird erlebt im Vollzug des Gehorsams ohne irgendeine Vorgabe. Sie bekommen sein Wort. Nicht mehr, aber auch nicht weniger. »Geht hin zu den Priestern und laßt euch untersuchen!« Gehen sie? Nehmen sie das Risiko des Gehorsams dem Wort Jesu gegenüber auf sich? Sie gehen und erleben wirklich, daß Jesus Macht hat, den Lebensweg – auch den aussichtslosen – zu ändern.

Dieser Bericht zeigt uns übrigens, daß Jesus Christus ein Heiland des ganzen Menschen ist. Er nimmt sich nicht nur der Seele an, sondern auch des Leibes. Diese Menschen erleben Jesu Erbarmen bis in ihre körperliche Existenz hinein. Er macht sie gesund. Die Welt steht ihnen offen. Sie werden in die Gesundheit entlassen.

Wie reagieren sie auf dieses Erlebnis? Dankbar? Es schockt eigentlich, wie neun von ihnen reagieren. Oder läßt es Sie kalt, wenn Sie den Bericht überdenken? Neun nehmen Jesu Barmherzigkeit selbstverständlich hin. Sie haben ihre Chance genutzt. Sie haben die heilende Kraft Jesu in Anspruch genommen. Sie, die bisher total auf der Schattenseite des Lebens standen, haben sich nicht umsonst an Jesus gewandt – aber sie haben das Kapital des Erbarmens Jesu verspielt! Wieso?

Nun, die neun werden gewiß auf ihre Weise ihre Gesundung gefeiert haben. Sie werden voll Freude zu ihren Familien gegangen sein. Es war auch eine Art Dankbarkeit. Ihre Art. Gewiß haben sie begeistert davon berichtet, wie ihre Heilung geschah. Vielleicht sogar so, daß sie selbst den Mittelpunkt bildeten. Dann kam der Alltag. Sie gingen wieder ihrem alten Beruf nach, gestalteten ihr Familienleben wie früher. Wahrscheinlich wurde bald gar kein Aufhebens mehr von ihrem Erleben gemacht. Sie führten keinen schlechten Lebenswandel. Zu ihrem Lebenslauf mag auch der Besuch der Gottesdienste gehört haben. Das Leben hatte sie wieder. Obwohl sie das Erbarmen Jesu am eigenen Leib erfahren hatten – ihr Leben war das alte geblieben.

Menschen nützen ihre Chance, die das Erbarmen Jesu ihnen bietet; sie nehmen die Rettung an, die Durchhilfe in schweren Nöten, die Bewahrung in kritischen Lebenslagen, ohne Jesus wirklich von Herzen dankbar zu sein. Sie sind Jesus begegnet und doch nicht in Lebensgemeinschaft mit ihm gekommen. Die dankbare Zuwendung zum Helfer haben sie vergessen bzw. unterlassen und damit sich selbst vom wirklichen Leben ausgeschlossen. Das ist erschütternd.

Jesus wußte: Wie eine Krankheit zum Mittelpunkt unseres Denkens werden kann – und bei den zehn Aussätzigen ist es gewiß so gewesen –, so kann auch die Gesundheit zur Mitte, zur Hauptsache des Lebens werden. So ist es wohl bei den neun gewesen.

Es kann aber auch so sein, daß die Krankheit nach dem Gesundwerden einfach vergessen wird. Damit wird die Gesundheit zur Selbstverständlichkeit. Sie ist nicht mehr wunderbares Geschenk, für das man nicht genug dankbar sein kann. Oberflächlichkeit und Gleichgültigkeit machen sich wieder breit.

Darum lobt Jesus den dankbaren Samariter. Dieser Fremde lebt bewußt, er erfaßt in der Gabe den Geber. Er schaut tiefer und zieht daraus seine Konsequenzen: »Einer aber aus der Gruppe kam zurück, als er es merkte«, daß er gesund geworden war. »Laut pries er Gott, warf sich vor Jesus nieder und dankte ihm.« Was dem Samariter widerfährt, veranlaßt ihn zum Nachdenken. Und das wiederum ist ihm Grund dazu, umzukehren und Gott die Ehre zu geben.

Das ist eine Definition für »Glauben«: Umkehren und Gott preisen. Der Dankbare erfährt nicht nur die Macht Gottes als Realität in seinem Leben. Er erlebt auch, daß Dankbarkeit erst richtig befreit und bereichert. Er unterstellt sich bewußt der Herrschaft Jesu. Er verherrlicht Gott, indem er vor den Leuten herausstellt, was Gott an ihm getan hat. Er verweist darauf, daß er alles, was er ist, Gott verdankt.

Leben Sie in dieser Konsequenz? Das ist lebenswichtig. Denn nur diesem einen spricht Jesus zu, daß sich in seiner Haltung sein Glaube niederschlägt. Das ist also vertrauendes Denken. Es richtet sich konsequent auf Jesus. Von ihm allein kommt Lebensqualität. Wir leben bis heute von seiner Zuwendung, von seinem Erbarmen. Er gibt uns durch den Glauben, das vertrauende Denken, Teil an seinem Leben.

Danken kann also nicht nebenbei und flüchtig geschehen, wenn es unser Leben wirklich bereichern soll. Danken ist ein bewußtes Drandenken, was mir Gutes widerfahren ist. Es ist ein bewußtes Zur-Kenntnis-Nehmen dessen, was ich erlebe. Daraus resultiert die tiefe Bereicherung des Lebens.

»Denn denen, die Gott lieben, dienen alle Dinge zum Besten« (Römer 8,28). Ich komme damit vom Vordergründigen zum Hintergründigen. Danken geschieht dann nicht mehr nebenbei, sondern bewußt. Da macht es direkt Freude, zu danken, weil man nichts mehr für selbstverständlich nimmt. So wird wirklich die Qualität des Lebens vermehrt.

Die am Schluß der Geschichte von Jesus gestellte Frage kann nicht überhört werden: »Wo sind die neun andern? Warum sind sie nicht auch zurückgekommen, um Gott die Ehre zu geben wie dieser Fremde hier?« Gehören Sie zu den neun? Dann ist es Zeit, umzudenken!

Gleichen Sie dem einen, werden Sie jetzt dankbar froh eine Zeit der Besinnung einlegen, um Ihre Gedanken auf Gott zu richten. In Gemeinschaft mit ihm erfährt Ihr Leben seine Sinnerfüllung. Dankbarkeit ist der Weg, Gottes Heil und Herrlichkeit zu schauen (Psalm 50,23).

Eine Hörerin erzählt von ihrem Erleben:

> »Ich habe auch die heilende Kraft Jesu erfahren dürfen. Ein angeborenes doppelseitiges Hüftleiden machte mir von Kind an zu schaffen. Ich bin jetzt 41 Jahre alt und hatte vor ca. 3½ Jahren die sechste Hüftoperation, und vor ca. 2 Jahren die siebente. Drei Jahre konnte ich nur an Krücken gehen und hatte immer noch

Schmerzen. Dann stellte mein Arzt fest, daß das eingesetzte künstliche Hüftgelenk nicht mit dem Knochen zusammengewachsen sei. Es sollte also wieder herausgenommen und durch ein anderes ersetzt werden. Diese Mitteilung ließ mich auf die Knie gehen und den Herrn um Hilfe anrufen. Und dabei erkannte ich, daß ich diesen Bereich nicht ganz dem Herrn ausgeliefert hatte. Mein Vertrauen auf Gott war wie weggefegt durch diese ärztliche Feststellung. Ich war verzweifelt und mit mir mein Mann. Und dieser Druck lag auch auf meinem damals 15jährigen Sohn sowie auf meiner 84jährigen, pflegebedürftigen Schwiegermutter, die bei uns in der Familie mitversorgt wird.

Glaubensschwestern teilte ich meine Not mit. Sie taten sich zusammen und beteten für mich. Gott führte uns, wie geschrieben steht in Jakobus 5, Vers 15 und 16. Ja, und das Gebet des Glaubens hat mir geholfen und der Herr hat mich aufgerichtet. Lob, Preis, Dank und Anbetung sei Jesus Christus!

Kurze Zeit danach führte mich der Herr zu einem orthopädischen Arzt, nur 6 km von meinem Wohnort entfernt. Und da geschah ein Wunder Gottes; nämlich dieser Arzt sagte nach sorgfältiger Untersuchung, er könne nicht feststellen, daß das Gelenk locker, also nicht zugewachsen wäre und ausgewechselt werden müßte. Es sei keine Operation notwendig, aber intensive krankengymnastische Behandlung wäre dringend durchzuführen, um von den Stöcken loszukommen oder wenigstens mit einem Stock als Gehhilfe auszukommen.

Keine Operation! Mein Herz hüpfte vor Freude, und ich dankte und pries Gott für seine Hilfe.

Ich blieb weiterhin von der Führung meines Herrn abhängig. Ich glaube, damals habe ich mein Leben Jesus erst wirklich ganz und völlig übergeben. Er führte mich seit damals, Mitte Mai 1977, zu keinem Arzt mehr.

Ich vertraute weiter auf Gottes Hilfe und war voller Zuversicht. Ich spürte mehr und mehr Kraft in meinen Beinen und ließ im festen Glauben, daß Jesus mit mir geht, einen Stock weg und gleich eine Woche später den zweiten. Betend setzte ich einen Fuß vor den andern, ohne die Hilfe und Stütze eines Stockes, denn ich hatte jetzt eine bessere Hilfe und Stütze erfahren: Jesus. Ich klammerte mich an ihn und fragte ihn, welche Muskeln ich anspannen solle, um Halt in den Beinen zu bekommen. Ich war ja 3 Jahre lang nicht in der Lage gewesen, ohne Gehstützen zu gehen, und mußte das Gehen wieder lernen wie ein kleines Kind. Jesus sagte doch: »Dein Glaube hat dir geholfen.«

Seitdem gehe ich ohne Stöcke und kann meinen Vier-Personen-Haushalt wieder ganz selbst versorgen, auch Gartenarbeit kann ich tun. So wunderbar hat mir Gott geholfen. Erst vor ca. 5 Wochen hat mir Gott die Freiheit und Freudigkeit gegeben, intensiv Gymnastik zu machen, und ich freue mich von Tag zu Tag über die langsam wachsende Muskelkraft.
Noch gleicht mein Gehen dem Watscheln einer Ente, und wenn ich vom Sitzen aufstehe, habe ich noch manchmal sogar arge Schmerzen. Aber Gott weiß, warum er mir das noch nicht abgenommen hat. Und ich weiß, daß es noch besser werden wird zu der Zeit, wo es für mich gut ist. Ich freue mich und danke Gott, daß ich ohne Stöcke gehen kann und meine Hände frei habe, um meine Familie und das Haus zu versorgen.
Diese große Freude und noch viel mehr Erfreuliches ist mit Jesus in mein Leben gekommen. Ich danke für diese große Gnade und Barmherzigkeit Gott, unserem himmlischen Vater, der uns durch seinen Sohn Jesus Christus von der schrecklichen Gottentfremdung gerettet hat – unsere Schuld und Sünde ist gesühnt durch Jesus Christus – Amen! Halleluja!
Dies ist mein Zeugnis, mein Wunsch und meine Bitte an Gott, daß solche Gnade noch vielen Menschen zuteil werde. Das Leben mit Jesus ist so reich und vielseitig und die beste Schule, die es gibt. Aber es bedarf der ganzen Lebensübergabe an Jesus, um seiner Führung folgen zu können. Dieses Wagnis lohnt sich ganz gewiß.«

Danken ist eine Gesinnung, die eingeübt werden will. Danken bindet an den Geber, nicht an die Gabe. Der Dankende betet freudiger, weil er nicht mehr im Bitten steckenbleibt. Er lebt intensiver, weil er bewußter lebt. Das bereichert sein Leben.

Und das ist mein Segenswunsch für Sie, daß auch Sie das erfahren!

Aber wir wissen, daß denen,
die Gott lieben...

Römer 8, 28

»Gottes Liebe hat uns bis hierher erhalten und gesegnet. Sie ist unwandelbar, weil er unwandelbar ist. Wir wissen nicht, was die Zukunft bringen wird, aber wir kennen den, der derselbe ist gestern, heute und in Ewigkeit! Wir legen unsere Hand in die seine und bitten: Herr, führe uns!« (Hudson Taylor)

Jeder hat ja seine eigenen Vorstellungen und Wünsche im Blick auf die vor ihm liegende Zeit; als kranker Mensch wohl in ganz spezieller Weise: weniger Schmerzen, neue Kräfte, einen Menschen, der mich annimmt und liebt, den ich lieben kann, bessere äußere Umstände und anderes mehr.

Vielleicht haben wir diese Überlegungen auch bereits zum Gebet gemacht? Wir wissen ja, was wir gerne haben möchten. Aber wissen wir wirklich, ob das, was wir für uns erbitten, gut für uns ist? Wir meinen, es zu wissen. Doch wenn wir mehr darüber nachdenken, kann es geschehen, daß wir in unserer Meinung unsicher werden.

Wie mancher Hörer hat uns schon geschrieben: »Wäre ich nicht diesen schweren Weg geführt worden, ich hätte nicht zu Jesus Christus als meinem Heiland und Herrn gefunden.« Ein Beispiel:

»Ich bin ein eifriger Hörer des Evangeliums-Rundfunks, da ich als bettlägeriger Patient morgens stets früh wach bin. Jeweils, wenn Sie am Radio sprechen, bin ich begeistert von Ihren reichen und sinnvollen Worten, die mir stets neue Kraft und Hoffnung bringen.

Durch meine langjährige Krankheit von bald 25 Jahren bin ich viele Jahre ein Rebell, ja ein Zweifler im Glauben an Gottes Liebe geworden. Durch eine Kinderlähmung ganz hilflos geworden, lag ich unbeholfen darnieder und mußte mich mit manchmal billigem Trost und gutgemeinten Ratschlägen meiner Mitmenschen zufriedengeben. Aber jetzt, wo ich weiß, daß mein Schicksalsschlag nur eine gute Absicht und Vorsehung Gottes ist, daß er mich aus meinem alten, unruhigen Leben herausgenommen hat, bin ich meinem Herrn mit jedem Tag mehr dankbar. So gut es mir möglich ist, möchte ich den Weg Jesu gehen, zu seiner Verherrlichung vor den meist ungläubigen Mitmenschen. Meine Gelassenheit und Ruhe, meine Entschlossenheit, mein auferlegtes Kreuz ohne Hader zu tragen, haben schon so viele meiner Mitmenschen beeindruckt, so daß doch mein Leidensdasein einen großen Sinn hat. Im Krankenbett oder Rollstuhl, durch ein Beatmungsgerät künstlich beatmet, erachte ich mich oftmals auch wie gekreuzigt . . .«

Wenn man auf solchem Hintergrund sein eigenes Leben überdenkt, kann die Frage heranreifen: Ja, was soll ich denn dann beten? Was ist denn das Beste für mich? Was will mir denn Gott geben? Paulus kennt dieses Fragen, und er stellt sich dazu, wenn er zugibt: »Wir wissen nicht, was wir beten sollen!« (Römer 8,26)

Nun sind wir dieser Ungewißheit aber nicht einfach ausgeliefert. Uns wird zugesagt, daß der Heilige Geist, der uns zu Jesus Christus geführt und uns die Gewißheit unseres Heils vermittelt hat, uns auch in dieser Ungewißheit unseres Gebetslebens treu zur Seite steht. Er ist uns gegeben, um uns zu helfen, denn er kennt uns; er weiß um unsere Motive, unser Denken, unsere Gefühle, unser Empfinden, unsere Wünsche. Und er weiß, was für uns gut ist! Deshalb kann er unserer Schwachheit aufhelfen. Schwachheit bedeutet all das, was uns an physischen, geistigen und psychischen Unvollkommenheiten zu schaffen macht. Denn das ruft ja manches Seufzen in uns hervor, weil es uns im Glaubensleben zu schaffen macht.

Hier nun hilft uns der Heilige Geist, indem er unsere Sache zu der seinen macht. Er vertritt uns vor Gott, und er tut das »aufs Beste«, so wie es eben nur er tun kann. Deshalb kommen nun unsere Bitten, unsere Hoffnungen und Wünsche in Gott wohlgefälliger Weise vor Gott, so daß er erhören und helfen kann.

So können wir getrost und zuversichtlich werden im Blick auf die Zukunft. Auch wenn wir nicht wissen, was wir beten sollen, so dürfen »wir *aber* wissen, daß denen, die Gott lieben, alle Dinge zum Besten dienen.«

Dieses Wissen ist ein besonderes Wissen. Es hängt nicht unbedingt mit den Kenntnissen zusammen, die man sich in verschiedenen Wissensbereichen aneignen kann. Es gibt viele gebildete Leute, die diese Macht des Wissens, die der Apostel Paulus meint, nicht haben. Viele gestehen es offen: Manche Ereignisse des Lebens sind uns ein großes Rätsel. Wir können sie in keinen sinnvollen Zusammenhang einordnen und sehen nicht ein, daß sie uns zum Besten dienen können. Mit manchen Fragen hängen wir an Enttäuschungen fest. Immer wieder kreisen unsere Gedanken um das Negative, das wir erlebt haben. Wer nun mit Gott sein Leben lebt, ihm uneingeschränkt vertraut, weil er sich von ihm geliebt weiß und ihn wiederliebt, darf wissen: »Es kann mir nichts geschehen, als was er hat ersehen und was mir heilsam ist.« Denn Gott gibt denen das Beste, die ihm die Wahl lassen.

Das ist eine Aussage von unerhörter Glaubenskühnheit und Glaubensfreudigkeit! Nochmals: Für Menschen, die Gottes Liebe erfahren haben und die Gott wirklich lieben und seine Führungen annehmen, werden alle Dinge zum Besten mitwirken.

Nicht selten wurde dieses Wort falsch verstanden und auch falsch angewandt. Es steht nicht da, daß für Kinder Gottes alles einen guten Ausgang nimmt; auch nicht, daß dies so etwas wie eine Formel wäre, mit der sich alle Rätsel lösen ließen. Das Beste, von dem Paulus hier spricht, ist nicht, was man so allgemein darunter versteht: eine göttliche Wendung zum Guten in unserem äußeren Leben. Gottes Ziel mit uns ist viel höher. Er will uns dem Bilde seines Sohnes gleichgestalten. Das ist gewiß das Beste, das der Herr mit allen seinen Führungen und Fügungen in unserem Leben im Auge hat. Er will das Wesen und Leben Jesu in uns zur Ausgestaltung bringen, so daß in unserem Wesen Jesus und sonst nichts zu lesen ist.

Es bedarf aber sehr viel, damit dieses Ziel in unserem Leben verwirklicht werden kann. Wie sehr muß Gott da an uns arbeiten, damit sein Vorhaben erreicht wird. Wer einmal still einem Bildhauer bei seiner Arbeit zugesehen hat, weiß, wieviel Mühe und Arbeit es ihn kostet, um aus dem groben Marmorblock das entsprechende Bildnis zu gestalten. So muß auch Gott an uns alle seine Mühe und Arbeit wenden. »Alle Dinge« sind sozusagen Werkzeuge in der Hand unseres Gottes, die er gebraucht, um uns in das Bild seines Sohnes umzugestalten. Und es ist tröstlich für uns, wissen zu dürfen, daß es dem Vater in seiner Treue, Barmherzigkeit, Liebe, Geduld und Weisheit gelingt, mit uns dieses Ziel zu erreichen. Da werden selbst unsere Unmöglichkeiten zum Material, aus dem er etwas macht zur Verherrlichung seines Namens.

Wenn wir diese göttliche Bestimmung über unserem Leben beachten und immer wieder bedenken, so fällt von daher helfendes und tröstendes Licht auf die dunklen Straßen unseres Lebens, auch wenn wir jetzt vieles noch nicht begreifen und verstehen können.

Wissen ist Macht, auch und gerade dieses Wissen: Gott meint es gut mit uns. Und er gibt denen das Beste, die ihm die Wahl lassen! So kann Paulus am Ende des 8. Kapitels des Römerbriefes, aus dem unser Textwort entnommen ist, bekennen: »Ich bin gewiß, daß weder Tod noch Leben, weder Engel noch Fürstentümer noch Gewalten, weder Gegenwärtiges noch Zukünftiges, weder Hohes noch Tiefes noch keine andere Kreatur kann uns scheiden von der Liebe Gottes, die in Jesus Christus ist, unserem Herrn.«

In dieser Gewißheit können wir getrost beten: Herr, führe du!

Wir wollen nicht müde werden, dieses Wort: »Wir wissen *aber*, daß denen, die Gott lieben, alle Dinge zum Besten dienen; denen, die nach dem Vorsatz berufen sind«, in unserem Leben zu buchstabieren. Das hilft uns, Jesus näherzukommen. Wir werden wohl niemals an diesem Wort ausgelernt haben. Halten wir uns dabei an den seelsorgerlichen Rat Dietrich Bonhoeffers:

»Ich glaube, daß Gott aus allem, auch aus dem Bösesten, Gutes entstehen lassen kann und will. Dafür braucht er Menschen, die sich alles zum Besten dienen lassen.«

Aber das geschah darum...

2. Korinther 1, 9

Es gibt Tiefpunkte im Leben, die werden nicht überwunden mit einem »Kopf hoch, es wird schon wieder!« Da bedarf es einer anderen Lebenseinstellung. Paulus spricht davon im 2. Korintherbrief, Kapitel 1, Verse 8–11:

> »Wir wollen euch, liebe Brüder, nicht verschweigen die Bedrängnis, die uns in der Provinz Asien widerfahren ist, wo wir über die Maßen beschwert waren und über unsere Kraft, so daß wir auch am Leben verzagten und es bei uns selbst für beschlossen hielten, wir müßten sterben. Das geschah *aber*, damit wir unser Vertrauen nicht auf uns selbst setzten, sondern auf Gott, der die Toten auferweckt, der uns aus solcher Todesnot errettet hat und erretten wird. Auf ihn hoffen wir, er werde uns auch hinfort erretten. Dazu helft auch ihr durch eure Fürbitte für uns, damit unsertwegen für die Gabe, die uns gegeben ist, durch viele Personen viel Dank dargebracht werde.«

Wir können aus diesem biblischen Text Verschiedenes für den Umgang mit Tiefpunkten in unserem Leben lernen.

Paulus hatte Mut zur Schwäche! – Er schreibt den Korinthern: Liebe Brüder, wir wollen euch nicht verschweigen, daß wir maßlos beschwert, völlig am Ende, völlig ratlos waren und für uns keinen Weg mehr sahen. Wir verzweifelten am Leben, wir mußten lauter Schlußpunkte setzen. – Darf ein Apostel resignieren? Darf ein Christ am Ende sein? Es hat wohl zu allen Zeiten unter Gläubigen die Auffassung gegeben, das sei unter der Würde eines Christen. Ein Christ hat doch eine seelische Hornhaut, den trifft nicht alles so, der ist hart im Nehmen. Wir erwarten mehr Haltung von dir. Da stehen wir als Christen doch drüber . . .

Das ist aber eine Täuschung, denn wir stehen als Christen mitten drin in diesem Leben und damit im Angefochtensein.

Paulus bleibt ehrlich. Er macht sich, den anderen und Gott nichts vor. Er hat Mut zur Schwäche und steht zu seinen Anfechtungen.

Vielleicht haben auch Sie Sorge, daß das nicht christusgemäß und nicht christengemäß ist, wenn Sie zugeben: »Ich kann nicht mehr!«

Es gibt in der Gemeinde Jesu viele verschwiegene Schwächen. Und weil diese Schwächen verschwiegen werden, deswegen müssen die Schwachen sich verstecken. Denn was man bei sich selbst nicht wahrhaben will, das kann man auch bei anderen nicht wahrnehmen und mitansehen. Aus dieser Haltung entsteht viel christliche Krampferei. Es wäre besser, man würde endlich aufgeben und zugeben: »Ich kann nicht mehr!«, denn nur so kann es zu einem Neuanfang kommen.

Bitte, verstehen Sie mich recht, ich will Ihnen keine Schwächen und

Tiefpunkte andichten. Wenn es Ihnen heute gut geht, wenn Sie den Weg Gottes für sich für die nächste Zeit erkennen und bejahen, wenn Sie Ihre Grenzen angenommen haben und in diesen Grenzen kraftvoll leben und dienen, dann danken Sie Gott von Herzen. Dann brauchen Sie nicht krampfhaft nach einer Schwäche in Ihrem Leben zu suchen. Seien Sie aber auch barmherzig mit den Menschen um Sie herum, die zur Zeit nicht so können; denn jede Gemeinschaft ist nur so stark wir ihr schwächstes Glied. Und die Kette der Verbundenheit darf eben nicht an der schwächsten Stelle reißen.

Es gibt Menschen, die verbreiten durch ihren permanenten Optimismus Entmutigung bei anderen statt Ermutigung. Sie verbreiten eine gnadenlose Atmosphäre um sich herum, weil sie selbst immer obenauf sind. Ich habe bei Paulus gelernt, daß er, weil er zu seiner eigenen Schwachheit stand, einer wurde, der auch anderen Menschen in ihrer Schwachheit Mut machen konnte. Sein Mut zur Schwäche hat ihn ermutigt, Schwache aufzurichten.

Paulus hatte Mut zur Hoffnung! – Im selben Augenblick, wo er sagen mußte: »Wir waren über die Maßen beschwert, wir wußten nicht mehr weiter, wir hatten abgeschlossen«, in demselben Augenblick lernte er Entscheidendes über Gott: »Das geschah *aber* darum, damit wir unsere Hoffnung nicht auf uns selbst setzten, sondern auf Gott, der die Toten auferweckt.«

Paulus machte sich klar: Der Gott, an den ich glaube, ist ein Totenauferwecker! Der Gott, an den ich glaube, der kann mit nichts etwas anfangen, der kann aus nichts etwas machen! Die Grenze meiner Möglichkeiten ist nicht die Grenze seiner Möglichkeiten. Hier ist der Gott, der weiter handelt, wo ich kraftlos bin. Aus dem Aufstecken kann ein Aufstehen werden. Doch zuvor gilt es, zu seiner eigenen Schwachheit zu stehen, die eigenen Vorstellungen und Erwartungen, wie einem geholfen werden könnte, abzugeben an Gott, der wirklich hilft.

Was hatte Paulus für Pläne! Wo wollte er überall hin! Ein Energiebündel war dieser Mann. Und nun sagt er zu Gott: »Ich kann nicht mehr, *aber* du weißt weiter. Du hast Jesus von den Toten auferweckt, da wirst du auch mich nicht verlassen. Und selbst wenn mein Leben hier jetzt endet, so kann ich doch auch im Tod nicht aus deiner Hand fallen. Auch die Toten warten auf deine Treue. Deine Toten werden leben.« So hat er vielleicht gebetet. Er hat seine Verlegenheit, seine Ausweglosigkeit zu einem Gebet gemacht. Denn nur Gott wußte ja weiter.

Wann haben Sie Gott das letzte Mal so alles restlos abgegeben im Gebet, was Sie belastet, quält, umtreibt? Es hilft ja nicht, wenn wir nur ein allgemeines Vertrauensverhältnis zu Gott haben. Glauben ist immer konkrete Zuversicht, die sich erstreckt auf die Zeit vor uns. Erwarten Sie für die nächsten Tage etwas von Gott, neue Erfahrungen seines Daseins! Gott will mit der Kraft seiner Auferweckung Ihr Leben bereichern. Das ist der großartige Zuspruch dieses Textes: Gott ist nicht der, der unsere Bemühungen ergänzt und unsere Gefühle erhöht. Gott fängt mit nichts etwas an, und wir dürfen vor Gott mit nichts anfangen. Er ist alles! Er ist unsere Hoffnung. Das muß man einmal in seinem Leben zum ersten Mal, und dann immer wieder sagen und tun: Dir vertraue ich, dir allein, du weißt den Weg für mich.

Da muß ich noch etwas ergänzen. Paulus sagt: »Gott hat uns erlöst und wird uns erlösen und immer noch erlösen.« Ein Bild kann deutlich machen, was er damit meint: Mit unserem Leben ist das wie mit einer Hängebrücke, die zwischen diesen beiden Pfeilern der Erlösung, die geschehen ist am Kreuz von Golgatha, und der Erlösung, die noch kommt in der Ewigkeit, ausgespannt ist. Unser Leben ist die Brücke dazwischen, auf der wir von Gott gewürdigt sind, kleine Erlösungen zu erleben. Siege auf dem Weg. Wir werden nicht nur dem Tode Jesu und dem Leiden Jesu gleichgestaltet in unserem Leben, sondern wir werden auch die Kraft seiner Auferstehung erfahren. Wer auf die Totenauferweckung am Ende der Tage wartet, der darf heute darum bitten, daß Gott vorläufige Erlösung, ein neues Aufatmen in seinem Leben schenkt. Und Gott erhört solches Beten.

Das dritte, was wir von Paulus lernen können neben seinem Mut zur Schwäche und seinem Mut zur Hoffnung, das ist sein

Mut zur Gemeinde – in dieser schwierigen Situation. Er schreibt ihnen und läßt sie dadurch an seinem Leben teilhaben: »Dazu helft auch ihr mit durch eure Fürbitte für uns, damit unsertwegen für die Gabe, die uns (von Gott) gegeben ist, durch viele Personen viel Dank dargebracht werde.«

Wir sind in der christlichen Gemeinde eine Arbeits-, Dienst- und Lerngemeinschaft; wir sind auch eine Erzählgemeinschaft, in der wir uns mitteilen sollen, wenn es uns schlecht geht und wenn wir wieder einmal über den Berg gekommen sind durch Gottes und des Heilands Hilfe. Keinem von uns wird zugemutet, seinen Glauben alleine durchzuhalten.

Ich wünsche Ihnen und mir immer wieder Menschen, mit denen wir so wie Paulus in der Gemeinde austauschen können, was wir an Tiefpunkten und kleinen Erlösungen im täglichen Leben erfahren. Gerade solche Gemeinschaft brauchen wir in vermehrtem Maße. Zu stark ist die Not der Vereinsamung. Eng damit verbunden ist die Angst, das Leben nicht mehr bewältigen zu können. »Wohin soll ich mich wenden, wenn Gram und Schmerz mich drücken?« – das ist die geheim, aber oft auch offen gestellte Frage. Doch auch das andere stellt sich als Frage: »Wem künd' ich mein Entzücken, wenn freudig pocht mein Herz?«

Wir müssen weitgehend die erschütternde Erfahrung machen, daß viele Christen kaum noch in der Lage sind, mit den Weinenden zu weinen und mit den Freuenden sich zu freuen. Man hat Angst, den anderen mit der eigenen Not überzubelasten, aber auch die Befürchtung, der andere verkrafte meine frohmachenden Erfahrungen nicht. So teilt man sich gar nicht mehr mit und geht damit des Segens verlustig, der solchem Austausch unter Christen verheißen ist. Sagt der Herr den Seinen doch zu: »Siehe, ich bin bei euch alle Tage bis an der Welt Ende.« Das Nächstliegende ist also, sich an der Gemeinschaft der Gläubigen am Ort zu beteiligen.

Zum Miteinander und Füreinander gehört wesentlich die Fürbitte. Der Apostel Paulus hat

Mut zur Fürbitte. – Er wird nicht müde, seine Gemeinden immer wieder daran zu erinnern, welche entscheidende Hilfe die Fürbitte der Gläubigen füreinander ist. In ihr lernen wir, wieder echt Sorge um den Bruder und die Schwester zu tragen. Die Fürbitte für die Geschwister in Trübsal, für die, die über die Maßen beschwert sind und über ihr Vermögen belastet, so daß sie am Leben zu verzagen drohen, bekommt in unserem Leben einen durch nichts anderes zu ersetzenden Stellenwert. Durch unsere Fürbitte stärken wir die, die aufstecken wollen. Wir bringen sie bewußt in den Einflußbereich der Kraft Gottes, des Heiligen Geistes, so daß sie wieder aufstehen. Die Gemeinde Jesu lebt und wächst aus der Fürbitte ihrer Glieder füreinander, oder sie verliert immer mehr an Ausstrahlungskraft und Durchstehvermögen.

Es gibt keine Lebenssituation, die nicht in der Fürbitte ertragen und überwunden werden könnte. So ist Fürbitte ein täglich unerläßlicher Dienst für meinen Bruder, meine Schwester, die sich mir mit ihrer Not anvertraut haben. Gott will, daß sie durch meinen Gebetsdienst die Kraft seines Sohnes Jesus Christus in ihrer Schwachheit erfahren und neue Zuversicht ihr Vertrauen zu Gott wieder festigt. In der Fürbitte krieche ich unter die Last des anderen und erfülle damit das Liebesgebot Jesu: »Einer trage des anderen Last, so werdet ihr das Gesetz Christi erfüllen.«

Das Ziel der Fürbitte für den anderen geht über die Hilfe hinaus. Es ist der gemeinsame Dank an Gott: »Daß durch viele Personen Gott reichlich Dank geschehe!«

Mut, Gottes Namen groß zu machen – das ist das fünfte, was wir aus diesem Text lernen wollen, und das eigentlich Entscheidende.

Viele geben sich zufrieden mit der Erfahrung: »Rufe mich an in der Not, so will ich dich erretten« (Psalm 30,15) – also mit der Errettung. Wer aber stehenbleibt bei dieser Erfahrung, der hat nicht die umfassende, ihm von Gott zugedachte Hilfe erfahren. Er bleibt letztlich in seinem ichbezogenen Denken und Erleben gefangen. Er klebt an der Gabe. Es geht aber um den Geber: ». . . so sollst du mich preisen«, »daß durch viele Menschen Gott reichlich Dank geschehe.«

Gott soll verherrlicht werden. Ihm gebührt die Ehre. Unsere Mitmenschen sollen es sehen, wem wir die durchgreifende Hilfe verdanken. Indem wir Gott loben und anbeten, ihm danken und ihn preisen, weisen wir von uns und der empfangenen Hilfe weg auf den Geber aller guten und vollkommenen Gabe, dem allein Dank gebührt – auf Gott!

Wie dies eine Hörerin praktiziert, wird im folgenden Brief deutlich:

> »Schon oft haben Besucher ihre Verwunderung darüber zum Ausdruck gebracht, daß ich trotz meiner Krankheit – elf von meinen 55 Jahren liege ich nun schon mit Multipler Sklerose im Bett – noch so froh sein kann. Sie fragen nach meinem Geheimnis. Nun, ich gebe es gern preis: Ich schütte immer wieder mein Herz vor Gott aus.
>
> Gleich nach dem Aufwachen am Morgen danke ich meinem Gott von ganzem Herzen, daß er mich in der Nacht wieder vor allem Unheil bewahrt hat; daß ich aufwachen durfte, noch sehen, hören, riechen, schmecken und mit meiner rechten Hand noch ein wenig schreiben und anderes tun kann. Das ist ja keine Selbstverständlichkeit! Auch danke ich ihm, daß so viele Menschen lieb zu mir sind. Sie können sich gar nicht vorstellen, wie sehr jeder einzelne Dank das Herz froh und weit macht. Ich kann es nur weiterempfehlen: Man muß es probieren! Diese Freude wirkt sich auf den ganzen Tag aus.
>
> Als nächstes bitte ich Gott, daß er mir und anderen Menschen, die ich ihm mit Namen nenne, auch an diesem Tag zur Seite stehe. Dabei ist das Beglückende, daß ich ganz sicher weiß, daß mich Gott hört und erhört. Er geht mir voran. Ich kann überhaupt nur anbetend staunen darüber, daß jeder, der von Herzen an Jesus glaubt und ihm vertraut und seinem Wort folgt, vom himmlischen Vater als sein Kind täglich Führung erfährt. So bespreche ich den Tag mit ihm und bin gespannt, was er bringt. Es geht alles an meinem Gott vorbei, ist also vorgesichtet. Welch ein Trost!
>
> Schließlich danke ich abends für alle großen und kleinen Freuden des zu Ende gehenden Tages und bitte Gott, mich auch in der vor mir liegenden Nacht zu bewahren. Es folgen dann noch andere persönliche Bitten und viele Menschen, die ich dem Schutz Gottes anbefehle.
>
> Wenn ich in der Nacht nicht schlafen kann, werde ich nicht ärgerlich, sondern nutze die Zeit, um mit Gott zu reden. Da kann ich ihm alles sagen, worüber ich mir Sorgen mache, und ihn um

Weisung bitten. Da habe ich genügend Zeit, den ganzen Weg zu überdenken, den er mich bisher geführt hat. Manches, was mir früher unverständlich war, klärte sich in solchen Nachtstunden. Sie wurden zu meinen »Sternstunden«, in denen ich lernte, den tiefen Sinn meines Leidens zu begreifen. Ich fand Antworten, doch nur für mich ganz persönlich, auf meine mich bedrängenden Fragen. Für mich kann ich heute sagen: Ohne meine Leiden hätte ich niemals so sehr nach Gott und seiner Durchhilfe Verlangen gehabt, wäre also nie innerlich so frei und froh geworden, wie ich es heute bin.

Und noch eins habe ich erfahren: Nach meinem Gespräch mit Gott in der Nacht bin ich am Morgen oft so herrlich ausgeruht, als hätte ich die ganze Nacht tief geschlafen. Ich kann es mir nur so erklären, daß ich mich von ihm allezeit beschützt weiß. Ich kann meine Erfahrungen in diesen elf Jahren – rückblickend – zusammenfassen in die Worte: »All Morgen ist ganz frisch und neu des Herren Gnad und große Treu; sie hat kein End den langen Tag, drauf jeder sich verlassen mag.«

»Es geschah *aber* darum«, daß wir lernen, Gott ganz neu allein und uneingeschränkt das Vertrauen, den Dank und die Ehre zukommen zu lassen – im Namen Jesu!

Ja, wir wollen es lernen, so auch unsere Tiefpunkte im Leben richtig einzuordnen. Was wird das für eine Befreiung, wenn wir es wissen, weil wir es erfahren, daß »denen, die Gott lieben, alle Dinge zum Ausreifen dienen.«

...aber wir verzagen nicht

2. Korinther 4, 8

Es gibt Lebenslagen, die uns so zur Anfechtung werden können, daß nicht viel fehlt, und wir würden »aufstecken«. Da kann z. B. eine ernsthafte Erkrankung oder ein Unfall unsere Pläne durchkreuzen und unser gesamtes Lebenswerk ins Wanken bringen. Heute fühlen wir uns noch sicher und überlegen, und Stunden später liegen wir wie ein zerbrochenes Gefäß am Boden.

Das Leben sieht dann völlig anders aus als bisher: Fragen brechen auf, Schmerzen sind zu ertragen, neue Lebenslagen zu bejahen, Konflikte auszuhalten. Die Beziehung zu den Mitmenschen bekommt einen anderen Stellenwert, Beruf und Leistung sieht man unter einem neuen Blickwinkel. Ja, auch zu sich selbst ist eine neue Einstellung notwendig.

Das führt nicht selten in eine Krise. Was daraus wird – aufstecken oder aufstehen –, entscheidet sich wesentlich in unserem Denken. Bannt uns die Angst, bleiben wir im situationsbezogenen Denken stecken. Oder wir ringen uns durch all die Fragen der Warums und Wozus hindurch zum verheißungsbezogenen Denken, das Gott vertraut. Daran entscheidet sich die Bewältigung unserer Lebenslage.

In solchen Krisenzeiten können uns Menschen des Glaubens mit ihren Erfahrungen zu einer entscheidenden Hilfe werden. Paulus z. B. schreibt im 2. Korintherbrief, Kapitel 4, 7–15:

> »Wir haben aber diesen Schatz in irdenen Gefäßen, damit die überschwengliche Kraft von Gott sei und nicht von uns. Wir sind von allen Seiten bedrängt, aber wir ängstigen uns nicht. Uns ist bange, aber wir verzagen nicht.
> Wir leiden Verfolgung, aber wir werden nicht verlassen. Wir werden unterdrückt, aber wir kommen nicht um. Wir tragen allezeit das Sterben Jesu an unserm Leibe, damit auch das Leben Jesu an unserm Leibe offenbar werde. Denn wir, die wir leben, werden immerdar in den Tod gegeben um Jesu willen, damit auch das Leben Jesu offenbar werde an unserm sterblichen Fleisch. So ist nun der Tod mächtig in uns, aber das Leben in euch. Weil wir aber denselben Geist des Glaubens haben, wie geschrieben steht (Psalm 116,10): ›Ich glaube, darum rede ich‹, so glauben wir auch, darum reden wir auch; denn wir wissen, daß der, der den Herrn Jesus auferweckt hat, wird uns auch auferwecken mit Jesus und wird uns vor sich stellen samt euch. Denn es geschieht alles um euretwillen, damit die überschwengliche Gnade durch die Danksagung vieler noch reicher werde zur Ehre Gottes.«

Wie sehr der Vergleich vom tönernen Gefäß auf unser Leben zutrifft, erfahren wir täglich. Trotz aller guten Vorsätze unterlaufen uns viele

Unvollkommenheiten. Bei allen möglichen Gelegenheiten bekommen wir unsere Begrenzungen zu spüren, obwohl wir gerne unsere Grenzen weiter stecken möchten.

Wir bleiben dem Tode verfallene Menschen, abhängig von den Verhältnissen, in denen wir leben, und wir unterliegen alle den Wechselfällen des Lebens und der Anfälligkeit unseres Leibes. Wir sind wie jemand, der einen kostbaren Schatz in einem irdenen Gefäß besitzt.

Wir sprechen viel von der menschlichen Kraft und den ungeheuren Gewalten, die der Mensch zu beherrschen scheint. Das eigentliche Merkmal des Menschen ist jedoch nicht seine Kraft, sondern seine Schwachheit. Ein Tropfen Wasser oder ein Luftzug könne uns töten, hat Pascal einmal gesagt.

Obwohl Christus uns mit einer unbeschreibbaren Herrlichkeit ausstattet, umgibt das Leben uns mit derartiger Schwäche und Unsicherheit, daß wir nicht vergessen können: Unser ist die Schwachheit, Gottes die Herrlichkeit. Paulus beschreibt das christliche Leben, in dem sich unsere Schwäche mit der Herrlichkeit Gottes mischt, in einer Reihe von Gegensatzpaaren:

1. »Wir sind von allen Seiten bedrängt, *aber* wir ängstigen uns nicht.« Bezeichnend für ein Leben aus dem Vertrauen zu Gott ist, daß es stets ein Element der Weiträumigkeit enthält; nie brauchen wir uns eingesperrt vorzukommen. Auch wenn wir in noch so bedrängten Verhältnissen leben – innerlich können wir uns stets davon frei machen, weil es einen Ausweg, nämlich den in die Weiträumigkeit Gottes, gibt. Auch wenn wir äußerlich von Elend umzingelt sind, steht unserem Glauben die ganze Weite der Gemeinschaft mit Christus offen.

2. »Wir leiden Verfolgung; *aber* wir werden nicht verlassen.« Denkwürdig ist, daß Märtyrer sich zu allen Zeiten gerade dann, wenn sie sich in größter Bedrängnis befanden, Christus besonders nahe gefühlt haben. Von Dietrich Bonhoeffer wird uns berichtet, daß seine letzten Worte zu seinen Kameraden, bevor er erhängt wurde, die waren: »Das ist das Ende, für mich der Beginn des Lebens!« Gott bleibt uns treu, was immer auch kommen mag.

3. »Uns ist bange; *aber* wir verzagen nicht.« Immer wieder gibt es Zeiten, in denen wir nicht weiter wissen; doch selbst dann verzweifeln wir nicht. Auch wenn wir in ein Meer von Wolken tauchen, wissen wir, daß wir aus den Wolken wieder auftauchen werden. Zeit und Umwege zählen nicht, sondern allein die Gewißheit, daß wir irgendwann, wenn Gott es will, ans Ziel gelangen werden. Es gibt Augenblicke im Leben,

in denen wir als Christen die schwerste Lektion lernen müssen – eine Lektion, die auch Jesus in Gethsemane nicht erspart blieb: annehmen, was wir nicht begreifen. Manchmal geschieht etwas, was uns völlig unverständlich ist; *aber* gerade dann sollten wir sagen können: »Du bist die Liebe, mein Gott. Darauf baue ich mit Zuversicht.« Wenn wir mit unserem Verstand am Ende sind, sind wir mit unserer Zuversicht noch lange nicht am Ende, wenn nur Christus mit uns ist.

4. »Wir werden unterdrückt; *aber* wir kommen nicht um.« Wir fallen wohl; *aber* wir bleiben nicht am Boden liegen, sondern erheben uns immer wieder. Wir erleben wohl Niederlagen; *aber* wir werden nicht endgültig geschlagen.
Nachdem Paulus das Paradoxe, das anscheinend Widersprüchliche des christlichen Lebens umrissen hat, geht er dazu über, das Geheimnis seines Lebens sowie die Gründe dafür anzugeben, weshalb er so vieles tun und ertragen kann.

a) Er war sich bewußt: Wer teilhaben will am Leben Christi, muß bereit sein, auch die Gefahren des Lebens Jesu auf sich zu nehmen; wer mit Christus leben will, muß mit ihm sterben können. Paulus kannte und anerkannte das unerbittliche Gesetz christlicher Lebensführung: »Ohne Kreuz keine Krone.«

b) Im Gedenken an die Kraft Gottes, durch die Jesus Christus von den Toten auferstand, konnte er allem die Stirn bieten. Weil er fest daran glaubte, daß Gott auch ihn auferwecken könne und werde, wenn er sterben müsse, war er fähig, ohne Rücksicht auf seine persönliche Sicherheit so zu sprechen. In jeder Situation verließ er sich auf die Kraft, die allem Genüge zu tun vermochte und die stärker als der Tod ist.

c) Er ertrug alles in der Überzeugung, daß durch sein Leiden und seine Trübsal andere dem Licht und der Liebe Gottes zugeführt würden. Er vermochte durchzustehen, was er durchmachen mußte, weil er wußte, daß es dazu geschah, um anderen den Weg zu Christus zu erschließen. Wer durch und durch davon überzeugt ist, daß alles, was ihm widerfährt, um Christi willen geschieht, der kann mit Gottes Hilfe lernen, nicht zu verzagen.

Davon berichtet ein Hörer des Evangeliums-Rundfunks:

»Als ich am 5. März 1979 morgens wie üblich das Haus und meine

Familie zurückließ, um meiner Arbeit nachzugehen, ahnte ich nicht, daß ich am gleichen Abend nicht mehr gehen können und Ärzte mich in der Klinik ratlos untersuchen würden. Ich ahnte nicht, daß dies der letzte Morgen war, an dem ich meinen Lieben stehend und gehend auf Wiedersehen sagen konnte. Die Ärzte konnten zunächst keine genaue Diagnose stellen. Als ich dann nach zweimonatigem Klinikaufenthalt in Marburg zwischen Hoffen und Bangen in die Heidelberger Klinik für Querschnittgelähmte eingeliefert wurde, kam die volle grausame Wahrheit auf mich zu. Eine Welt brach für mich zusammen.

Wenn wir Berichte lesen, in denen Menschen harte, schwere, für uns unverständliche Wege geführt werden, sind wir ergriffen und bewegt. Manchmal ist dann zu lesen: *Aber* Gott hat wunderbar hindurchgeholfen. Auch ich durfte dieses »Hindurchhelfen« meines Herrn erleben. Er hat mir beigestanden und mich durch die schweren Wochen und Monate hindurchgebracht, ohne daß ich im Glauben an ihn irre werden mußte. Nur wer ähnlich Schweres erlebt hat, wird mir zustimmen, daß in solcher Not ein Ringen mit Gott im Gebet beginnt.

Seit meiner Bekehrung, als es um meine ganze Sündenschuld ging, habe ich nicht mehr so intensiv, so flehend um Hilfe gerufen wie in jenen Tagen. Ich verlangte von Gott, daß er mir meine Beine wiedergäbe, daß ich wieder laufen könnte. Die Hilfe kam, aber anders, als ich sie mir vorgestellt hatte. Ich erinnerte mich an ein Gebet, das ich unter der Bettdecke geschluchzt hatte: »Herr, ich bin am Ende, ich selbst kann nicht mehr. Mach mit mir, was du willst; erhalte mir aber mein fröhliches Herz. Laß mich weiterhin ein Zeugnis für dich sein, auch in meiner Schwachheit.«

Und dann kam die Wende.

In einem Schritt-für-Schritt-Lernprozeß mit Jesus lernte ich, mit meiner neuen Lage zu leben und trotzdem getrost und froh zu sein, so daß viele in der Klinik sich wunderten: Wie bringt er das nur fertig? Als ich dann anfing, meinen Heiland in meiner Umgebung zu bezeugen, kamen wieder Freude und Frieden über mich. Und siehe da, ein fröhliches Zeugnis aus dem Rollstuhl ließ Gott nicht ohne Wirkung.

Meine persönlichen Probleme waren aber nicht gelöst und die Schwierigkeiten nicht weggeräumt. Da waren die Trennung von der Familie und der immer länger währende, mir oft aussichtslos erscheinende Klinikaufenthalt; die Angst vor der Krankheit und ihrer Entwicklung; die Angst um das Zurechtkommen später zu Hause, wo die Örtlichkeiten nicht so ideal wie in einer Spezialkli-

nik sind; die Angst vor dem Leben im Rollstuhl; der Kampf, mit dem körperlichen Unvermögen fertig zu werden.
Das alles ging oft über meine körperlichen und seelischen Kräfte, und ich war dann der Resignation nahe. Hinzu kamen die Sorge um die Familie, den Beruf, die Zukunft und viele Dinge, die mich im Innersten bewegten. Trotz allem wußte ich mich in Gottes Liebe geborgen. Im täglichen Kontakt mit ihm, durch sein Wort und durch das Gebet, bekam ich die Kraft, so wie ich sie nötig hatte. Und er gebrauchte auch viele andere, die mir auf der schwersten Wegstrecke meines Lebens treu halfen.
Da war die Liebe meiner Frau und unserer Kinder, die Liebe und Fürbitte der Schwestern und Brüder in der Gemeinde, die Liebe der Freunde. Ein Brief, ein Kartengruß, ein Anruf, ein kleines Buch, ein paar Blumen, ein lieber Besuch – all das half mir über manche schweren Stunden hinweg. Für alle und für alles bin ich meinem Gott von Herzen dankbar.
Als ich später nach Hause kam, begann der Kampf von neuem. Und wieder erlebten wir das Hindurchhelfen unseres Herrn in kleinen und großen Dingen.
Nach und nach festigte sich meine Gesundheit, und ich fand mich schrittweise auch mit einem Leben im Rollstuhl zurecht. Wir sind längst wieder eine frohe Familie, auch wenn es manchmal schwere Stunden gibt. Inzwischen sind drei Jahre vergangen, und ich stehe wieder voll im Berufsleben und kann für meine Familie sorgen. Mein Leben ist nicht immer leicht, und oft meine ich, verzagen zu müssen, wenn ich meine Grenzen zu spüren bekomme. Aber auch dann darf ich Gott vertrauen und danken. Wer in Christus wiedergeboren und in ihm geborgen ist, darf sich auf eine Zukunft in Gottes Gegenwart freuen, wo Gott abwischen wird alle Tränen von unseren Augen, wo der Tod nicht mehr sein wird, noch Leid, noch Geschrei, noch Schmerzen. Ich bin so dankbar für diese wunderbare Verheißung.«

Gott sieht in dem irdenen Gefäß unseres Lebens keinen Nachteil für sein Handeln durch uns, sondern eher einen Vorteil, denn dadurch wird klar, »daß die überschwengliche Kraft von Gott kommt und nicht von uns«.

Wir wollen deshalb um ein neues Ja zu der schwachen Beschaffenheit und begrenzten Gestalt unseres Lebens bitten. Lassen Sie uns Gott darüber loben, daß er auch heute dafür sorgt, daß Menschen nicht an unseren Schwächen scheitern, sondern um so mehr fragen nach dem Gott, der seinen Schatz solch unvollkommenen Gefäßen anvertraut.

…aber was unsichtbar ist,
das ist ewig

2. Korinther 4, 18

Ob es Ihnen manchmal ähnlich geht wie mir? Sie denken über Ihr Leben nach, Vergangenheit, Gegenwart, Zukunft, über Freud und Leid, Glück und Not. Sie sind dankbar und doch auch betrübt, froh und doch auch mutlos, weil sich – je nach körperlicher und seelischer Verfassung – dunkle Gedanken in Ihr gottvertrauendes Denken einschleichen und Sie in Bedrängnis bringen wollen.

Mir hilft dann immer wieder, mich mit den Menschen der Bibel zu beschäftigen, über sie und ihr Leben nachzudenken und dabei nicht nur an die Sonnenseiten ihres Lebens zu denken, sondern ganz bewußt mich auch mit den Schattenseiten ihres Lebens zu befassen.

Eine dieser Personen ist Paulus, von dem uns im Neuen Testament berichtet wird und der auch selbst dort aus seinem Leben erzählt. Was hat dieser Mann alles durchgemacht, erlitten, getragen, durchkämpft. In 2. Korinther 4,7–18 stellt er einen langen Katalog seiner Leiden zusammen: Angst, Schmerzen, Verfolgung, Hunger, Verzagtheit, Traurigkeit, Anfeindung . . . – um nur ein paar zu nennen.

Wenn ich daran denke, bekommen dann auch Worte wie »Ich vermag alles durch den, der mich mächtig macht, Christus« (Philipper 4,13) eine ganz neue Bedeutung. Das heißt dann nicht nur: Ich vermag zu siegen, Anfechtungen zu bestehen, sondern auch: im Leiden mich zu bewähren, mit Schmerzen zu leben, Anfeindungen zu ertragen, Angst durchzustehen.

Oder ich denke an sein anderes Wort: »Ich vergesse, was dahinten ist, und strecke mich zu dem, was da vorne liegt, und jage nach dem vorgesteckten Ziel, nach dem Kleinod, welches vorhält die himmlische Berufung Gottes in Jesus Christus« (Philipper 3,13.14). Das meint nicht so sehr ein Ausgelöschtsein der Erinnerung an schwere Wegführungen, an das, was man an Negativem erlebt hat, was einem zugefügt und angetan wurde, als vielmehr: Ich nehme bewußt einen neuen Standpunkt ein und gewinne dadurch eine neue Perspektive. Aufgrund dieses neuen Blickwinkels gewinne ich auch eine neue Einstellung. Das heißt vergessen: Ich darf hinter mir lassen, was mich belasten, ängsten, umtreiben will. Das ist gut, denn es gibt so vieles, was wir an Leiden noch zu tragen haben, solange wir auf dieser Erde leben und uns auf dem Weg nach Hause in die Ewigkeit befinden, so daß wir das, was wir ablegen können, möglichst auch ablegen sollen, damit die Kraft reicht, das zu tragen, was unser Kreuz ist (Philipper 3,10).

Lassen Sie mich kurz berichten, was für Paulus der neue Standpunkt ist, von dem aus er sein Leben in neuer Perspektive sieht: Er ist Jesus, Gottes Sohn, begegnet, bzw. Jesus ist ihm begegnet. Dadurch hat er Vergebung seiner Lebensschuld empfangen, denn dieser Jesus sagte ihm: Ich habe mein Leben für dich und deine Schuld geopfert. Nun bist du versöhnt mit Gott, du hast Anteil am Leben Gottes.

Wer Jesus als seinen Heiland und Herrn angenommen hat, ist Miterbe Jesu Christi. Das gilt auch, wenn ich das umfassende Erbe erst am Ziel meiner Lebenswanderung geschenkt bekomme, wenn ich einmal bei Jesus in der Ewigkeit bin: »Denn unsere Trübsal, die zeitlich und leicht ist, schafft eine ewige und über alle Maßen wichtige Herrlichkeit, uns, die wir nicht sehen auf das Sichtbare, sondern auf das Unsichtbare. Denn was sichtbar ist, das ist zeitlich; was aber unsichtbar ist, das ist ewig« (2. Korinther 4,17).

Nun gibt es Menschen, die nennen diese frohe Botschaft eine billige Vertröstung aufs Jenseits. Ich kann mich dieser ihrer Meinung nicht anschließen. Ich habe persönlich, aber auch im Umgang mit vielen anderen gläubigen Menschen, gerade auch mit vielen Langzeitkranken, eine andere Erfahrung gemacht: Weil ich vom Ziel, der Ewigkeit, her denke, bekomme ich Kraft, mein Leben auf dem Weg dorthin getrost und zuversichtlich, trotz aller Beschwernisse, aller Anfechtungen, allem Seufzen, zu gehen. Also keine Vertröstung, sondern Anleitung zur Bewältigung des Diesseits mit seinen vielfältigen Aufgaben und Anforderungen und Lasten.

Paulus sagt es einmal so: »Ich bin überzeugt, daß dieser Zeit Leiden nicht der Herrlichkeit wert ist, die an uns soll offenbart werden...« (Römer 8,18).

Paulus setzt sich also in Gegensatz zu der Meinung, Ewigkeitshoffnung sei Vertröstung. Nein, das Gegenteil ist der Fall: Solch lebendige Hoffnung ist konkrete Erwartung und damit Stabilisierung des Glaubens.

Paulus hat viel gelitten, aber er tut nicht groß mit seinem Leiden, bespiegelt sich nicht in demselben und läßt sich durch dasselbe nicht die Freude nehmen, so daß er spräche: Wir müssen unsäglich viel leiden, ehe die Herrlichkeit kommt. Sondern er sagt: Was wir zu leiden haben, steht in gar keinem Verhältnis zur Herrlichkeit, die auf uns wartet. Das zeigt, wie realistisch Paulus das Leben mit Jesus Christus betrachtet. Paulus hat sich kein enthusiastisch hochgeschraubtes Bild von der Kraft des gegenwärtigen Lebens mit Christus gemacht (Römer 7). Er weiß sehr wohl, innerhalb welcher Grenzen er sich hier auf Erden bewegt. Er weiß zu unterscheiden zwischen dem, was schon jetzt gegeben ist, und dem, was noch auf seine Vollendung wartet.

Der Mensch, der sein Leben Jesus anvertraut hat, ist erlöst. Es wäre aber falsch, von der Erlösung als von etwas nur Zukünftigem zu sprechen, genauso wie es falsch wäre, von ihr als von etwas nur Gegenwärtigem zu sprechen. Paulus faßt diese beiden Gesichtspunkte zusammen, wenn er sagt: »Auf Hoffnung sind wir erlöst.« Wir sind erlöst! Wer in Jesus Christus ist, ist schon hier auf Erden der Gabe der Erlösung teilhaftig geworden. Andererseits besitzen wir diese Erlösung hier nur »auf Hoffnung«. Denn es liegt im Wesen der Hoffnung, daß ihr Gegenstand sich immer in der Zukunft befindet: Eine Hoffnung, die man erfüllt sieht, ist keine Hoffnung mehr.

Paulus sagt in 2. Korinther 5,7: »Wir wandeln im Glauben und nicht im Schauen.« Glaube und Hoffnung strecken sich nach dem, was vor ihnen liegt. Unser Zuhause ist im Himmel, in einem zukünftigen Leben. Dorthin geht unsere Sehnsucht. So kann Paulus sagen: »Wenn wir aber auf das hoffen, was wir nicht sehen, so warten wir darauf in Geduld« (Römer 8,25). Der Nachfolger Jesu weiß, daß er fern vom Zuhause ist, solange er im Leibe ist (2. Korinther 5,6); deshalb wartet er auf die Erlösung seines Leibes.

Diese Erwartung richtet sich konkret darauf, daß wir nach dem Vorbild des Auferstehungsleibes Jesu Christi einen neuen geistlichen Leib bekommen, der den Leiden dieser Zeit nicht mehr unterworfen ist, sondern frei ist von Krankheit, Schmerzen, Tod. Jetzt seufzen wir noch unter den Leiden dieser Zeit. *Aber* wir hoffen und erwarten den Tag, an dem die Herrlichkeit der Kinder Gottes aus ihrer Verborgenheit ans helle Licht treten wird.

Diese Gewißheit gibt uns die Kraft, dieser Zeit Leiden zu tragen und zu ertragen. Sie muß einst ewiger, ungetrübter Freude weichen.

Wenn ich eingangs sagte, daß ich Ermutigung in der Anfechtung durch den gelebten Glauben von Menschen der Bibel erhalte, so kann ich das auch sagen von Menschen unserer Zeit, von Lebensbildern, mit denen ich mich befasse.

Monika Hunnius war eine hochbegabte Künstlerin aus dem Baltenland. Sie war Sängerin, schrieb vielgelesene Bücher und lebte fröhlich im Kreis ihrer zahlreichen Freunde und Verwandten. Aber sie wurde krank. Ein unheilbares Leiden nahm ihr die Beweglichkeit der Arme und Beine. Auf ihrem Lager litt sie unsägliche Schmerzen. *Aber* sie hielt fest an Gott, der sie ein Leben lang geführt hatte. Sie schrieb einmal in den letzten Jahren:

»Ich kämpfe mich jeden Tag durch einen Strom von Leiden und Traurigkeit hindurch. Ich bin kein Held, und ich bin auch keine Sekunde freudig beim Leiden, weil ich immer wie auf die Folter gespannt bin. Ich dachte, ich würde tapfer sein, wenn das Leiden an mich herankäme; aber ich bin nur still und stumm und rede mit Gott Tag und Nacht.«

Wenn das Leiden so schwer wird, kann man gut verstehen, daß man nichts sogenanntes »Tapferes« sagen kann. *Aber* das ist doch auch ein Lob Gottes, wenn ein Herz nicht klagt und anklagt, sondern den wunderbaren Weg des Redens mit Gott findet. Monika Hunnius klagte Gott nicht an, sie wandte sich nicht von ihm ab. Er blieb ihre einzige Hilfe. Von ihm allein erwartete sie noch etwas: »Er soll mich lehren, daß ich begreife, wozu das alles nötig ist!« So sagte sie ein andermal: »Die Seele wird matt und hat oft keine Kraft mehr zum Beten, denn zum Beten braucht man Kraft. Ich glaube, daß Gott mein Schreien hört.« Er schenkte ihr immer wieder seine Hilfe. Einmal las sie das Bibelwort: »Wenn ich nur dich habe, so frage ich nichts nach Himmel und Erde. Wenn mir gleich Leib und Seele verschmachtet, so bist du doch, Gott, allezeit meines Herzens Trost und mein Teil« (Psalm 73). Dieses Wort traf sie tief und machte sie so froh, daß sie immer wieder sagte: »Also dazu ist das alles! Es ist mir wie eine Offenbarung!«

Jetzt wußte sie, daß es oft durch die tiefsten Tiefen gehen muß, bis man spürt, daß der Herr des Lebens, der einen durch gute und leichte Wege begleitet hat, gerade in der Tiefe einem des »Lebens Kraft« werden kann. Mit dieser Kraft Gottes wird man wohl nicht springen und rennen können, *aber* man bekommt Schultern, das Elend zu tragen, und man bekommt ein Herz, in dem durch Gottes Kraft Dinge lebendig werden, von denen man geglaubt hat, sie seien für alle Zeiten nicht mehr für einen da: die getroste Zuversicht, daß man von Gott geliebt ist und daß einem nichts geschehen darf, als was in Gottes gutem Rat beschlossen ist, und die Geborgenheit des Kindes beim Vater, die einem alle Verzweiflung nimmt und die freudige Hoffnung gibt, daß »dieser Zeit Leiden – so groß sie auch sein mögen – nicht wert sind der Herrlichkeit, die an uns soll offenbart werden!«

So seufzte Monika Hunnius in den letzten Tagen als eines ihrer letzten Worte – voller Zuversicht: »An dem Tag werdet ihr mich nichts fragen!«

Aber Geduld ist euch not...

Hebräer 10, 36

»Geduld müßte man haben« – ein Satz, der mir immer wieder begegnet, in Gesprächen und auch in Briefen.

Geduld ist für viele zur Mangelware geworden. Es empfehlen zwar alle die Geduld, aber nur wenige wollen sie üben. So hat man Not, Konflikte zu bewältigen, mit Schwierigkeiten zu leben, Leiden zu ertragen, Leid zu verarbeiten, sich in der Anfechtung zu bewähren.

Geduld will erbeten, errungen, erlitten, erlernt, geübt werden. Und das hängt mit Vertrauen zu Gott, mit Zuversicht und Glauben zusammen.

Im Hebräerbrief, Kapitel 10,35–36 lesen wir die Ermutigung: »Werft euer Vertrauen nicht weg, welches eine große Belohnung hat. Geduld *aber* ist euch not, daß ihr den Willen Gottes tut und die Verheißung empfanget.«

Die Menschen, denen diese Ermutigung geschrieben wurde, hatten als Christen Verfolgung und Drangsal erlitten, waren ihrer Güter beraubt worden. Sie hatten erfahren, was es heißt, um Jesu willen zu leiden. Tapfer hatten sie diese Zeit durchgestanden, als Bewährte gingen sie aus diesen Anfechtungen hervor.

Doch nun stehen sie in Gefahr, nachdem keine Veränderung ihrer Lebenslage eingetreten ist und Jesus nicht, wie sie es sich wohl vorgestellt haben, ihre Drangsal beendet hat, ihr Vertrauen zu ihm wegzuwerfen, das einmal empfangene Heil preiszugeben.

Geht es uns nicht manchmal ähnlich? Wir haben uns in Stunden der Not und Prüfung bewährt. Als diese Bewährungszeit *aber* zu unserer ganzen Lebenszeit zu werden drohte, also zu unserem Alltag, da schlichen sich negative Gedanken ein. Zweifel kamen auf: Lohnt es sich überhaupt? Diese Gedanken wollten so stark werden, daß sie unser gottvertrauendes Denken aus unserem Herzen verdrängen wollten.

Es wird gut sein, wenn wir uns klarmachen, daß Gott unsere Geduld und damit unser Vertrauen zu ihm nicht strapazieren will. Wenn unser Glaube auf den Prüfstand kommt, dann geht es um Bewährung unseres Vertrauens, dann ist da keine böse Absicht Gottes dahinter. Wir sollen uns daran erinnern: Gott ist treu. Er läßt uns nicht prüfen über unser Vermögen. Oder wie der Schreiber des Hebräerbriefes wenige Zeilen vor unserem Wort formuliert: »Gedenket *aber* der vorigen Tage, in welchen ihr erduldet habt...« Unser Glaube soll also als erstarkter Glaube aus dieser Prüfung hervorgehen.

Wenn also unsere Prüfungszeit anhält oder wir erneut in sie hineinkommen, geht es darum, Gott rückhaltlos zu vertrauen, nicht die Hoffnung zu verlieren. »Treu ist er, der euch ruft; er wird's auch tun« (1. Thessalonicher 5,24). Also auf ihn schauen, nicht auf die bedrängende Not. Die Anfechtung ist ja Beweis, daß wir glauben, daß Vertrauen noch da ist. Also nicht ablassen, verheißungsbezogen zu denken, auch gegen den Augenschein.

Das ist das allein richtige, von Gott gewollte Verhalten in der Anfechtung, denn es führt zum Überwinden, läßt das Vertrauen wieder erstarken. Jetzt nur nicht aufgeben! Jetzt gilt's: Größer als alle Not ist Gott, und er hat zugesagt: »Ich will dich nicht verlassen noch versäumen« (Hebräer 13,5).

Dies ist der Glaube, der Geduld wirkt. Geduld im Sinne von Tragkraft. Tragkraft meint: darunter bleiben – also von der Last, die mir auferlegt ist, nicht erdrückt werden noch gegen sie aufbegehren noch sie fliehen, sondern die Kraft haben, ihr standzuhalten, sie zu tragen und zu ertragen. Das gottvertrauende Denken, der an Gott gebundene und ihm ergebene Wille ist es, der diese Kraft gewinnt. Ungeduld zehrt Kräfte auf. Deshalb heißt es: kämpfen, üben. Denn ohne Kampf kein Sieg.

Es geht also bei der Geduld um Ausdauer. »Geduld *aber* ist euch not...« Viele Christen besitzen ein gutes Startvermögen, zeigen in besonderen Lebenssituationen auch Gottvertrauen, *aber* das Durchstehvermögen im Alltag – eben die Geduld – wird dann oft zur Mangelware. Geduld ist eine Geisteshaltung, die Veränderungen und Unsicherheiten, Leid und Tränen, Enttäuschungen und Rückschläge des Lebens annehmen lernt und diese Trübsal in Zuversicht umzuwandeln vermag. Sie bedeutet keineswegs eine passive, ergebene Haltung, die die Erfahrung des Lebens vorbeifließen läßt. Sie bedeutet die Fähigkeit, jede Erfahrung in etwas Wertvolles zu verarbeiten. Geduld lernen wir nur in Bedrängnis und Schwierigkeiten. Ein Betroffener schreibt mir:

> »Mit vielen Gesichtern ist mir das Leid schon begegnet. Ich denke an das Leid und den Schmerz in der Krankheit. Seit über 25 Jahren leide ich an einer äußerst schmerzhaften Kriegsverletzung. Ich kenne das Leid in den schweren Wegführungen. Die Gefangenschaft in Sibirien hat mich fertiggemacht. Ich kenne das Leid der Enttäuschungen. Als ich aus der Gefangenschaft nach Hause kam, war ich ein anderer Mensch. Doch meine Gemeinde meinte, es käme der alte K. nach Hause. Man verstand mich nicht.
> Heute spüre ich es ganz besonders: Wenn der Leib krank ist, wenn das Herz verwundet und die Seele getroffen ist, dann wird es doch sehr schwer, getrost zu bleiben. Doch dann muß ich daran denken, daß das Leid eine Leiter ist – im Bild gesprochen –, deren oberste Sprossen wir nicht sehen, von denen wir aber wissen, daß sie in den Himmel reichen. Ein jeder von uns trägt sein Kreuz, das seiner Persönlichkeit angemessen ist, diese Leiter hinauf. Manchmal meinen wir, jetzt reicht die Kraft nicht mehr; ich stürze ab. Wir meinen, der Leidenskelch sei übervoll. Und doch: Immer noch geht ein Tröpfchen hinein. Es ist seltsam, daß wir genau die Tonnen ausrechnen können, die ein Eisenbahnzug faßt, ein Schiff

oder ein Flugzeug; und doch wissen wir nicht, wieviel Leid die Schultern eines Menschen zu tragen vermögen. Die Tragfähigkeit eines Menschen erweist sich eben doch immer wieder ganz neu im Leid und Leiden. Dann sind wir nämlich ein Kind der Geduld. Wir benötigen sie immer wieder im Verlauf des Tages. Sie ist die Quelle am Morgen, die Ruhe am Mittag, die Flamme am Abend. Die Geduld ist der Seufzer der Erwartung, die Träne der Liebe, das Schweigen des Verzichts, denn Paulus bekennt: ›Trübsal bringt Geduld, Geduld *aber* bringt Erfahrung, Erfahrung *aber* bringt Hoffnung, Hoffnung *aber* läßt nicht zuschanden werden, denn die Liebe Gottes ist ausgegossen in unser Herz durch den Heiligen Geist, welcher uns gegeben ist‹ (Römer 5,3–5).
Geduld ist im Leiden die oberste Tugend, um leben zu können. Dabei ist sie kein passives Verhalten, sondern bewußte Tätigkeit, stärkste Energie.
Sie ist ein Faden der Weisheit, der am Tag zum Seil und am Abend zum dicken Tau wird. Nur am andern Morgen ist sie wieder nichts als ein dünner Faden! Doch gerade da gilt es wieder ganz neu, das Vertrauen zu Jesus zu fassen. Die Erfahrung wird nicht ausbleiben, daß Gottes Heiliger Geist den Geduldsfaden wieder stärkt. Diese Erfahrung ist der Grund, daß ich Ihnen schreibe. Ich kann und will sie nicht für mich behalten. Ich will mir immer wieder den Mut erbitten, die im Leiden erfahrene Treue Gottes weiter zu bezeugen, damit andere, denen es ähnlich geht, den Mut finden, der Gegenwart zuzulächeln, wenn sie in der Vergangenheit geweint haben. Nur so können wir das Ziel unserer Berufung, die Ewigkeit bei Gott, erreichen.«

Das Ziel der Bewährung des Vertrauens in Geduld ist also die Belohnung mit dem ewigen Leben. Damit wir die Verheißung empfangen, deswegen sollen wir den Willen Gottes tun, und der Wille Gottes ist, daß wir ihm uneingeschränkt vertrauen. Geduld aber ist dazu notwendig. Geduld entsteht nicht dadurch, daß wir uns zusammenreißen, sondern dadurch, daß wir uns einem Größeren fügen. Unser Wille bleibt damit unter dem Willen Gottes. »Mein Wille gehört meinem Gott, ich traue auf Jesum allein.« So lernen wir, den Willen Gottes zu tun und damit die Verheißung zu empfangen. »Selig ist der Mann, der die Anfechtung erduldet; denn nachdem er bewährt ist, wird er die Krone des Lebens empfangen, welche Gott verheißen hat denen, die ihn liebhaben« (Jakobus 1,12).

In Geduld leben gelingt uns da, wo wir uns bewußt hinter die Absicht Gottes stellen. Schauen wir auf uns selbst, werden wir sagen müssen: Ich habe keine Geduld! Wo wir *aber* auf Jesus schauen – »laßt uns aufsehen auf Jesus, den Anfänger und Vollender des Glaubens,« sagt der Schreiber des Hebräerbriefes –, bleiben wir nicht ohne Geduld. Wir erleben aus der Gemeinschaft mit ihm als Frucht des Heiligen Geistes seine Kraft in unserer Schwachheit, so daß diese Frucht in der Trübsal reift. Diese Geduld Jesu Christi trägt und hält, wo alles hoffnungslos scheint. Darum: »Werft euer Vertrauen nicht weg, welches eine große Belohnung hat. Geduld *aber* ist euch not, daß ihr den Willen Gottes tut und die Verheißung empfanget.«

Wir dürfen also den Blick aufs Ziel, auf die Herrlichkeit, nicht verlieren. Daher ist es notwendig, an das Ende zu denken (Hebräer 10,37). Der Verfasser des Hebräerbriefes zitiert Habakuk 2,3. Dort heißt es, daß Gott, wenn sein Volk ihm treu bleibe, wenn es ausharre, seine Verheißung wahrmachen werde: Er bringt es zum Ziel.

Auch unser Leben erhält seine Bedeutung aus der Sicht des Endes, der Ewigkeit. Und nur wenn wir bis zum Ende durchhalten, kommen wir auch an dieses Ziel. Diese Hoffnung, Gott zu schauen, wird zur größten Antriebskraft des Glaubens. Da unser Leben der Weg zu Jesus Christus ist, wollen wir nicht auf halber Strecke aufgeben. Weil er uns vorangeht, können wir folgen. Er bringt uns ans Ziel.

Lied: »*Aber* der Herr ist immer noch größer . . .«

Aber der Herr ist immer noch größer, größer als ich denken kann. Er hat das ganze Weltall erschaffen. Alles ist ihm untertan.

Wellen der Angst kommen auf mich zu, beklemmen und hemmen, nehmen mir die Ruh. Angst vor dem Leben und der Einsamkeit, dem Sterben, dem Alltag und der freien Zeit.
Aber der Herr . . .

Wellen der Schuld überrollen mich, bedrücken, blockieren und vermehren sich. Schuld durch mein Handeln, Reden und mein Sein an Gott und dem Nächsten und an mir allein.
Aber der Herr . . .

Wellen des Leides fesseln meinen Blick, verdunkeln und lähmen, ziehen mich zurück. Leid durch Entbehrung, Hoffnungslosigkeit, durch Bosheit, durch Gräber und durch Krankheitszeit.
Aber der Herr . . .

Wellen der Sorge strömen durch den Tag, sie treiben und quälen, werden mir zur Plag. Sorge ums Dasein, um das Lebensglück, um Aufstieg und Ehre und um mein Geschick.
Aber der Herr . . .

Durch alle Wellen trägt er mich an Land, geborgen, voll Freude faß ich seine Hand. Und ist das Brausen übermächtig groß – er geht auf den Wellen und er läßt nicht los.
Denn der Herr . . .

Gerhard Schnitter

Weitere »*Aber*«-Bibelworte der Ermutigung und des Zuspruchs

Aber er antwortete: Ich lasse dich nicht, du segnest mich denn (1. Mose 32,27).

Gelobt sei der Herr täglich. Gott legt uns eine Last auf; *aber* er hilft uns auch (Psalm 68,20).

Ich *aber* will immer harren und will immer deines Ruhmes mehr machen (Psalm 71,14).

Du *aber*, Herr, Gott, bist barmherzig und gnädig, geduldig und von großer Güte und Treue (Psalm 86,15).

Aber ich rief den Namen des Herrn an: O Herr, errette meine Seele (Psalm 116,4).

Siehe, um Trost war mir sehr bange. Du *aber* hast dich meiner Seele herzlich angenommen, daß sie nicht verdürbe; denn du wirfst alle meine Sünden hinter dich zurück (Jesaja 38,17).

Aber die auf den Herrn harren, kriegen neue Kraft, daß sie auffahren mit Flügeln wie Adler, daß sie laufen und nicht matt werden, daß sie wandeln und nicht müde werden (Jesaja 40,31).

Aber er ist um unserer Missetat willen verwundet und um unserer Sünde willen zerschlagen. Die Strafe liegt auf ihm, auf daß wir Frieden hätten, und durch seine Wunden sind wir geheilt (Jesaja 53,5).

Ich habe dich einen kleinen Augenblick verlassen, *aber* mit großer Barmherzigkeit will ich dich sammeln. Ich habe mein Angesicht im Augenblick des Zorns ein wenig vor dir verborgen; *aber* mit ewiger Gnade will ich mich deiner erbarmen, spricht der Herr, dein Erlöser (Jesaja 54,7.8).

Denn es sollen wohl Berge weichen und Hügel hinfallen; *aber* meine Gnade soll nicht von dir weichen, und der Bund meines Friedens soll nicht hinfallen, spricht der Herr, dein Erbarmer (Jesaja 54,10).

Aber dich will ich wieder gesund machen und deine Wunden heilen, spricht der Herr, darum daß man dich nennt »die Verstoßene« und »Zion, nach der niemand fragt« (Jeremia 30,17).

Ich *aber* will auf den Herrn schauen und warten auf den Gott meines Heils; mein Gott wird mich erhören (Micha 7,7).

Aber ich will mich freuen des Herrn und fröhlich sein in Gott, meinem Heil (Habakuk 3,18).

Jesus spricht: Himmel und Erde werden vergehen; *aber* meine Worte werden nicht vergehen (Matthäus 24,35).

Jesus spricht: Freut euch *aber*, daß eure Namen im Himmel geschrieben sind (Lukas 10,20).

Der Herr *aber* sprach: Simon, Simon, siehe, der Satan hat euer begehrt, daß er euch sichten möchte wie den Weizen. Ich aber habe für dich gebeten, daß dein Glaube nicht aufhöre (Lukas 22,31.32).

Jesus antwortete und sprach zu ihm: Was ich tue, das weißt du jetzt nicht; du wirst es *aber* hernach erfahren (Johannes 13,7).

Wir wissen, daß Trübsal Geduld bringt; Geduld *aber* bringt Erfahrung; Erfahrung *aber* bringt Hoffnung; Hoffnung *aber* läßt nicht zuschanden werden. Denn die Liebe Gottes ist ausgegossen in unser Herz durch den Heiligen Geist, welcher uns gegeben ist (Römer 5,3–5).

Es hat euch noch keine denn menschliche Versuchung betroffen; *aber* Gott ist getreu, der euch nicht läßt versuchen über euer Vermögen, sondern macht, daß die Versuchung so ein Ende gewinne, daß ihr's könnet ertragen (1. Korinther 10,13).

Nun *aber* bleibt Glaube, Hoffnung, Liebe, diese drei; *aber* die Liebe ist die größte unter ihnen (1. Korinther 13,13).

Der Tod ist verschlungen in den Sieg. Tod, wo ist dein Stachel? Hölle, wo ist dein Sieg? *Aber* der Stachel des Todes ist die Sünde; die Kraft *aber* der Sünde ist das Gesetz. Gott *aber* sei Dank, der uns den Sieg gegeben hat durch unseren Herrn Jesus Christus (1. Korinther 15,55–57).

Vor allen Dingen *aber* ergreifet den Schild des Glaubens, mit welchem ihr auslöschen könnt alle feurigen Pfeile des Bösen (Epheser 6,16).

Er *aber*, der Gott des Friedens, heilige euch durch und durch, und euer Geist ganz samt Seele und Leib müsse bewahrt werden unsträflich auf die Ankunft unseres Herrn Jesu Christi. Getreu ist er, der euch ruft; er wird's auch tun (1. Thessalonicher 5,23.24).

Wir warten *aber* eines neuen Himmels und einer neuen Erde nach seiner Verheißung, in welchen Gerechtigkeit wohnt (2. Petrus 3,13).

Nachwort

Diese hier vorliegenden Andachten wurden in der Sendereihe »Für kranke Hörer« im Evangeliums-Rundfunk ausgestrahlt. Sie können diese Sendungen jeweils montags um 10.05 Uhr auf Kurzwelle Monte Carlo im 31-m-Band und im 49-m-Band empfangen.

Herzlich danke ich den zitierten Briefpartnern für ihre Erlaubnis, Auszüge aus der mit ihnen geführten Korrespondenz wiedergeben zu können.

Wenn Sie seelsorgerliche Fragen haben, schreiben Sie vertrauensvoll an den

Evangeliums-Rundfunk
Abteilung Seelsorge
Postfach 1444
6330 Wetzlar

Wir antworten Ihnen gerne!

Mein Gott, warum?

In schwerem Leid stehend, macht mir neben der Trauer sehr die Frage zu schaffen nach dem Warum dieses Geschehens. Darf man denn als gläubiger Christ überhaupt so fragen?

»Mein Gott, mein Gott, warum...?« – eine uralte (Ps 22,2; Mt 27,46) und ewig neue Frage. Sie wird immer wieder in Grenzsituationen des Lebens gestellt – auch von Menschen, die an Gott glauben.

Man sollte nicht vorschnell eine Antwort darauf versuchen.

Weder mit dem Hinweis: »Frag lieber: wozu« noch mit der Bemerkung »Gott hat es zugelassen«. Wenn wir einen Weg geführt werden, den wir nicht verstehen, oder einem Geschehen gegenüberstehen, das wir nicht begreifen, werden wir zunächst das Stillehalten und Schweigen lernen müssen. Jedoch nicht als Ausdruck eines Schicksalsglaubens: »Ich muß mich eben dreinfügen«, sondern als Frage an Gott; als wirkliche Frage an den, der allein zu antworten vermag: *»Mein* Gott, *mein* Gott, warum...?«

Schweigend wollen wir überlegen,

ob das auch jetzt noch stimmt, dieses »mein Gott«, oder ob das »mein« nur leeres Gerede ist. In solchen Lebenskrisen wird nicht Gott gefragt. *Ich, ich, der ich frage, werde in Frage gestellt.* Denn wer Gott zur Rechenschaft ziehen will, ist an der falschen Adresse. »Wer bist du, Mensch, daß du mit Gott rechten willst?« (Röm 9,20). Gott hat es nicht nötig, sich vor uns zu rechtfertigen, eben weil er Gott ist. Er ist der Heilige, der souverän handelt. Er zieht die Fäden im großen und im kleinen. Er ist der Letztverantwortliche, auch wenn wir es nicht begreifen. »Ist auch ein Unglück in der Stadt, das der Herr nicht tut?« (Am 3,6). Gott schaut nicht zu. Er gibt die Gesamtverantwortung nicht ab.
Wir mögen das im Moment gar nicht oder nur sehr schwer begreifen, daß *auch das Furchtbare,* das man vergeblich nach seinem Sinn fragt, *von Gott ist.* Doch wenn wir es anerkennen, ist damit dem sinnlosen und ziellosen Fragen und

Klagen ein Ende gesetzt. Es geschieht nichts, was geschieht, ohne den Willen Gottes! –
Ist das nun tatsächlich eine Antwort auf das Leid, das Schreckliche, Unbegreifliche, Erschütternde, das mir oder andern widerfährt? Wird es durch dieses Wissen erträglicher? Man soll darauf wieder nicht vorschnell antworten, weder mit einem Ja noch mit einem Nein. Die Frage führt den Leidenden in die Sinnkrise seines Lebens. Einem Menschen dann zu sagen: »Nimm's aus Gottes Hand«, ist – zunächst wenigstens – durchaus kein Trost. Zu stark bohren die Fragen: Warum ich? Warum jetzt? Wozu das alles? Warum? – Die Fragen werden dadurch erst recht schmerzhaft. Die Sinnkrise wird radikal verschärft: »*Mein* Gott, *mein* Gott, warum...?«

Doch deutet eine Krise immer eine Wende an.

Der Mensch kann sich in seinem Denken und Vertrauen Gott gegenüber verschließen, verhärten und schließlich von ihm abwenden. Aber auch der andere Weg steht ihm offen: Die Gewißheit, daß er es bei allem, auch bei Leid und Schmerz, Schwierigkeiten und Not, mit seinem Gott zu tun hat. Das ist einmalig und daher tatsächlich tröstlich: Ich bin kein Spielball eines blinden Schicksals. Ich bin immer in Gottes Hand geborgen. »In Freud und Leid, in Glück und Not bist du mein Herr, bleibst du mein Gott.«
Immer wieder, wenn wir dazu ein Ja finden, reift die Antwort auf die Frage: »Mein Gott, mein Gott, warum...?« Wir haben dann die einzigartige Chance, in unserem Angefochtensein zu erfahren, daß Gott der Herr in allen Lebenslagen ist und bleibt. So ist bei ihm Leiden eine tiefe Realität, aber nicht eine letzte Realität, denn es ist eine Einladung, das Vertrauen zu ihm wachsen zu lassen. Daraus reift dann auch die Hilfe.

Mehr zu diesem Thema im Taschenbuch des Autors »Mein Gott, mein Gott, warum?« (Hänssler-Verlag).

Gottes Plan für mein Leben

»Hat Gott einen Plan mit meinem Leben?
Bin ich dadurch festgelegt?
Was ist, wenn ich ihn durch Ungehorsam zerstöre?«

In Liedern und Predigten hört man oft – und auch ich habe es schon gepredigt –: »Gott hat einen Plan mit deinem Leben.« Was oft soviel heißt wie: »Gott hat deinen Lebensweg festgelegt, und wenn du ihm nicht in jeder Kleinigkeit folgst, dann zerstörst du dein Leben.« Solches Denken von dem ein für alle Mal fertigen, statischen Plan hat schon viele Gewissen belastet und Ängste ausgelöst.
Ein Beispiel: Eine Frau kommt in die Seelsorge und erzählt von ihrer Angst. Sie war Diakonisse, ist dann aber wieder ausgetreten; sie hat dann geheiratet und hat einen prächtigen Mann und gesunde Kinder. Aber ihr Leben ist voller Gewissensqualen: »Ich habe den Plan Gottes für mich zerstört. Ich hatte doch eine Berufung, und der bin ich untreu geworden, und das nimmt mir alle Freude.«
Ein anderes Beispiel: Ein junger Mann bekommt von einem Seelsorger gesagt: »*Das* ist Gottes Plan für dein Leben.« Seine Interessen gehen aber in eine ganz andere Richtung, und jetzt kommt er in Konflikte: »Darf« ich das denn, meinen Interessen folgen, wenn Gott doch etwas ganz anderes will (der Seelsorger hat's ja gesagt)?...
Solche Erlebnisse haben mich veranlaßt, meine Bibel einmal etwas genauer zu lesen zu diesem Thema »Gottes Plan für mich.« Dabei habe ich folgendes gefunden:

Heilsplan – Heilsweg – Lebensweg

Gott hat mit der Welt einen *Heilsplan,* nach welchem die Erlösung der Menschheit und das Reich Gottes zustande kommt. Dieser Heilsplan ist von Gott schon vor Grundlegung der Welt gefaßt worden (Eph 1,3 – 11). Er hat feststehende Stationen, die Gott sich von niemandem verrücken läßt (z. B. Erwählung Abrahams und Israels; Berufung der Propheten; Menschwerdung des Sohnes Gottes, sein Sterben, seine Auferstehung, seine Himmelfahrt; Pfingsten; das Wiederkommen Jesu; der neue Himmel und die neue Erde). Der Vermittler und Vollender dieses Heilsplanes ist Jesus Christus, der Mensch gewordene Gottessohn. Seine Person steht deshalb im Mittelpunkt der Bibel. Zu Jesus hin führen alle Wege des Alten Testaments, und von Jesus aus gehen alle Wege des Neuen Testaments (Joh 5,39). Erst durch diese Zusammenschau kann man den ganzen Heilsplan Gottes recht verstehen.

Innerhalb dieses Heilsplanes gibt es den *Heilsweg,* d. h. den Weg, auf dem der Mensch zur Versöhnung mit Gott gelangt. Dieser Heilsweg ist für alle Menschen gleich und heißt Jesus Christus (Joh 14,6).

Drittens schließlich gibt es den *persönlichen Lebensweg*. Dieser ist bei jedem Menschen anders, und zwar auch bei der Bekehrung! Es gibt nur einen Weg zu Gott (eben Jesus), aber es gibt viele Wege zu Jesus. Und auch in bezug auf das sonstige Leben hat Gott mit jedem seine ganz eigene, persönliche Geschichte.

Menschen des »Weges«

Es ist interessant, daß das Neue Testament zur Beschreibung der ersten Christen unter anderem den Ausdruck »Weg« gebraucht: Die Christen sind Anhänger des »neuen Weges« (Apg 9,2; 24,14). Das Wort »Weg« wird dabei nach alttestamentlichem Sprachgebrauch benutzt (vgl. etwa Ps 119) und bedeutet: eine Lebensführung nach den Geboten Gottes – eben nach seinem Heilsweg.

Der vom Heilsweg bestimmte Lebensweg ist also ein Lebensstil, der vom Gehorsam gegenüber Gott geprägt ist. Ein Christ ist nicht nur jemand, der einen ganz bestimmten »Glauben« hat (obwohl der Glaube, das Erkennen der Wahrheit Gottes, natürlich immer die Grundvoraussetzung ist), sondern auch jemand, der diesen Glauben in die Praxis umsetzt. Ein wiedergeborener Christ »lebt« das, was er glaubt; er bekennt seinen Glauben am überzeugendsten durch »den Weg«, den er geht.

Verschiedene Straßen – ein Führer

Ein Bild kann das Gesagte weiter verdeutlichen. Setzen wir an die Stelle des Heilsplanes einen Stadtplan und an die des Heilsweges einen Fremdenführer, der die verschiedenen Straßen und den jeweils richtigen Weg in- und auswendig kennt. Will ich mich in der Stadt nicht verirren, muß ich mich möglichst eng an meinen Führer halten. Ich bin dabei keine Marionette: Gott gibt mir die Freiheit der Kinder Gottes, einen Teil Eigenverantwortung; er bietet mir jedoch dabei an: Die letzte Verantwortung übernehme ich als dein Führer, also bleibe in Kontakt mit mir.

Halte ich mich nun an meinen himmlischen Führer, kann ich doch auf verschiedene Weise ans Ziel kommen. Wenn ich zehn mögliche Richtungen einschlagen kann, dann ist vielleicht nur eine die richtige – vielleicht aber auch neun.

Gott gibt mir oft die Freiheit, zu wählen (Berufswahl, Wohnungswechsel, Partnerwahl u. a.).

Umwege

Halte ich mich nicht an den Führer, muß ich Irrwege, Umwege, Sackgassen in Kauf nehmen. Ich komme vom rechten Weg ab. Damit zerstöre ich aber keineswegs Gottes Heilsplan in meinem Leben; eine weitere Nachfolge ist nicht unmöglich gemacht. Ich muß lediglich erkennen, daß ich mich verlaufen habe, Gott um Vergebung bitten, zu ihm umkehren und mich neu orientieren. Dazu hilft mir Gottes Wort und Geist (Ps 119,105). Weitere Hilfen sind Gebet, Gemeinschaft, Abendmahl (Apg 2,42).

Wer diese Hilfen in Anspruch nimmt, erfährt:

- Ich kann (wie der verlorene Sohn aus Lk 15) auf den Weg des Lebens zurückkommen.
- Es kann sein, daß ich Konsequenzen für meinen Ungehorsam zu tragen habe; aber Jesus bleibt trotzdem mein Führer. Elia mußte nach seiner kopflosen Flucht vor Isebel (1 Kö 19) einen Nachfolger in sein Amt berufen, aber er blieb Gottes Knecht.
- Gott kommt in seiner Gnade mit mir zum Ziel, trotz meiner falschen Wege. Israel zog vierzig Jahre kreuz und quer durch die Wüste; aber es fiel doch nicht aus der Hand Gottes und ließ sich wieder von ihm rufen.
- Oft kann ich erst rückblickend erkennen: Das war Führung meines Herrn.

Denken wir zurück an das Beispiel mit der ehemaligen Diakonisse. Sie erkannte: Ja, ich bin einmal einen falschen Weg gegangen, es gibt Umwege in meinem Leben. Aber deswegen ist Gottes Plan für mein Leben nicht zerstört. Er hat mich nicht verworfen, er will mich auch jetzt, in dieser neuen Situation, gebrauchen und führen. – Jetzt kann diese Frau ihres Lebens wieder froh sein. Sie ist in ihrem Gewissen versöhnt mit Gott und sich selbst. Auf ganz neue, befreite Weise kann sie jetzt in der Gemeinde dienen und ihrem Mann Gattin und ihren Kindern Mutter sein. Gebundene Kräfte sind frei geworden zu neuer Nachfolge.

Zusammenfassung

Wir sind als Nachfolger Jesu also keine Marionetten. Gott zieht nicht die Fäden, und wir haben danach zu tanzen. Nein! Gottes Liebe entläßt uns in die Freiheit der Kinder Gottes. In eigener Verantwortung dürfen, sollen und können wir unser Leben gestalten. Eigene Verantwortung meint aber nicht Eigenwilligkeit –

die führt in die Irre –, sondern Gemeinschaft mit dem, der der Weg, die Wahrheit und das Leben ist, Jesus Christus. Er führt zum Ziel (Ps 23,3).

Zum Nachdenken:

- Der schwere Weg ist *nicht* immer der richtige.
- Es kann auch mehrere richtige Wege geben.
- »Gottes Wege sind wie ein hebräisches Buch. Man kann sie nur rückwärts lesen« (Martin Luther).
- Irrwege und Sackgassen sind letztlich Einladungen, zurückzukehren auf den rechten Weg.

Mehr zu diesem Thema auf der Kassette »Wohin soll ich gehen« (Nr. 11068 im ERF-Verlag).

Wohin soll ich gehen?

»Ich stehe vor einer wichtigen Entscheidung. Gibt es Kriterien, die mir helfen können, Gottes Willen zu erkennen?“

Ihre Bereitschaft, sich von Gott führen zu lassen, ist die wesentliche Voraussetzung, daß sich sein Wille in Ihrem Leben erfüllt (Ps 27,11; 23,3). Führung vollzieht sich im Zusammenwirken verschiedener Faktoren. Dabei wird einmal dieser, ein andermal jener Punkt in den Vordergrund rücken.

1. Gott zeigt uns den rechten Weg durch sein **Wort** (Ps 119,105). Je besser wir die Bibel kennen, um so klarer werden unsere Entscheidungen sein.
   Achtung: Gottes Wort ist kein Orakel!

2. Gott leitet uns in alle Wahrheit durch seinen **Geist,** verwehrt Wege und macht ihrer gewiß (Apg 16,6–7; Joh 16,13).
   Achtung: Eingebungen prüfen!

3. Gott weist uns seinen Weg durch **Brüder und Schwestern** (Apg 9,10–12, 17–19; 13,1–3). Ihre Bestätigung, aber auch ihr Abraten wollen bedacht sein.
   Achtung: Eigenwilligkeit!

4. Gott offenbart uns seinen Willen im **Gebet** (Apg 9,6). Darum brauchen wir viel Zeit zum Gespräch mit ihm. Auch die Gebetsgemeinschaft führt weiter (Apg 1,24; Kol 4,3).
   Achtung: Nicht erst beten, wenn man »nur noch« beten kann!

5. Gott gebraucht auch unseren **Verstand**, um uns seinen Willen zu zeigen (2 Kor 10,2). Auch wenn Glaubenswege oft »unvernünftig« erscheinen, sind sie nichts »Absurdes«. Wesentlich ist, daß wir um Erleuchtung unseres Verstandes durch den Heiligen Geist bitten (Eph 1,17–18).
   Achtung: Nicht für alles eine besondere Offenbarung erwarten!

6. Gott redet durch **äußere Umstände** zu uns (1 Kor 16,9; 2 Kor 2,12). Dabei ist eine »geöffnete« bzw. »geschlossene Tür« wegweisend.
   Achtung: Nicht mit dem Kopf durch die Wand!

7. Gott antwortet auch mit **Zeichen** auf die Frage nach seinem Willen (Ri 6,36 bis 37; 2 Kö 20,8–11). Das können positive wie negative Erfahrungen sein.
   Achtung: Auch der leichtere Weg ist nicht unbedingt der verkehrte!

8. Gott kann in einzelnen Fällen seinen Willen auch durch einen **Traum** oder eine **Vision** deutlich machen (Apg 16,9; 18,9; Mt 1,20).
Achtung: Wunschträume!

9. Gott erwartet **Gehorsamsschritte** (Mk 10,21; Mt 8,22; Lk 5,6). Die Entscheidung fällt, wenn ich nachfolge und das Nächstliegende tue.
Achtung: Sicherheitsstreben!

Wenn wir nun trotzdem nicht klarsehen, dann heißt es *warten* (Hebr 10,35–36)! Aber wenn wir nicht mehr warten können, weil die äußeren Umstände eine Entscheidung fordern? Dann entscheiden wir nach bestem Wissen und Gewissen. Dann soll es unsere Bitte sein: Herr, mein Gott, du siehst mein Herz, du kennst meine Motive. Wenn ich falsch entschieden habe, zeige es mir bitte so frühzeitig, daß ich wenig Schaden anrichte (Ps 139,23–24). Korrigiere gnädig! Gott wird den Gerechten nicht ewig in Unruhe lassen (Ps 55,23)!

Mehr zu diesem Thema auf der Cassette »Wohin soll ich gehen?« (Nr. 11068 im ERF-Verlag).